MES 100 RECETTES de citron

Dans la même collection :
Mes 100 recettes de champignons
de Jean-Pierre Fombeur
Mes 100 recettes de chocolat
de Christophe Felder
Mes 100 recettes de gâteaux
de Christophe Felder
Mes 100 recettes de Saint-Jacques
de Jean-Pierre Crouzil
Mes 100 recettes de foie gras
de Jean-Charles Karmann
Mes 100 recettes de fromages
de Jean-Charles Karmann
Mes 100 recettes d'œufs
de Jean-Charles Karmann
Mes 100 recettes de poulet
de Patrick Lucas

Nathalie Valmary.
Après plusieurs années passées dans la mode, elle codirige une société de confection de chemises et co-fonde en 1997 un des premiers sites de commerce électronique français, www.valmary.com, de nombreuses fois primé par la presse et les professionnels. Depuis 2002, elle s'adonne à ses passions que sont l'écriture, la cuisine, les loisirs créatifs et la photographie.
Aux éditions Minerva, elle a déjà publié de nombreux livres de cuisine : *Génial ! Je cuisine avec maman*, *Génial ! On popote avec Papa*, *Mes riz préférés*, *Mes tians et flans préférés* et *Pur chèvre*.

Conception graphique : francism.com
Réalisation : Natacha Marmouget

Connectez-vous sur
www.editionsminerva.fr

ISBN : 978-2-8307-0971-1

MES 100 RECETTES de citron

Nathalie Valmary

Photographies
Françoise Nicol

Stylisme
Catherine Madani

Minerva

PRÉFACE

En France comme ailleurs, le citron est un ingrédient de base dans nos cuisines.

Les vertus du citron sont multiples. Riche en vitamine C, faiblement calorique, antioxydant et antiseptique : le citron nous fait du bien.

Les pâtes en raffolent, il attendrit les viandes, il est le fidèle compagnon des carpaccios et des marinades, il secoue les boissons, se givre, se presse, se zeste, s'infuse, se confit, se compote, se transforme en confitures pour recouvrir nos croustillantes baguettes grillées.

De Menton, de Valence ou encore de Californie, ses formes rondes, son jaune lumineux ou son vert vif le rendent terriblement photogénique et aiguisent notre appétit.

Cuit ou cru, salé ou sucré, pour moi, tout est bon dans le citron ! Sa pulpe, son jus, ses feuilles ou son écorce ; j'aime respirer son parfum, ses fleurs et découvrir au détour d'un plat son goût racé.

Source d'inspiration dans ma cuisine, je vous propose dans ce livre des recettes salées, sucrées, des boissons et quelques préparations de base aux associations insolites, audacieuses mais aussi quelques grands classiques incontournables.

Nathalie Valmary

TABLE DES MATIÈRES

Les recettes de base

Les boissons

TABLE DES MATIÈRES

Les douceurs

Les plats salés

Les desserts

QUELQUES USTENSILES

1 — **Le couteau-zesteur**
Très facile d'utilisation, il permet de prélever l'écorce des citrons en fins filaments sans attaquer la partie blanche et amère.

2 — **Le couteau-canneleur**
Souvent intégré au couteau-zesteur, il permet à la fois de prélever l'écorce du citron sous forme de cannelure et de réaliser des effets décoratifs sur les citrons.

3 — **L'économe**
Il permet de prélever l'écorce du citron en larges bandes en ne prenant pas la partie blanche et amère. Les écorces peuvent ensuite être utilisées telles quelles dans les recettes ou retaillées en bandes d'écorces ou en fins filaments à l'aide d'un couteau.

4 — **Le presse-agrume**
On prélève le jus du citron à la centrifugeuse ou au presse-agrume.

5 — **La râpe**
La râpe vous permettra aisément de prélever et de hâcher plus ou moins finement l'écorce du citron.

CITRON

Les recettes de base

Préparation : 5 minutes
Réfrigération : 2 heures

INGRÉDIENTS

50 g de beurre demi-sel ou doux ramolli

1 citron non traité

Le conseil de Nathalie
Remplacez les zestes par des écorces de citron séchées et moulues.

LES BEURRES AU CITRON

PROGRESSION

- Au choix, râpez ou prélevez le zeste du citron en fins filaments. Mélangez le beurre avec les zestes.
- Déposez dans du film alimentaire et formez un rouleau. Placez au réfrigérateur pendant 2 heures.
- Si vous avez un moule à beurre, c'est le moment de l'utiliser.
- Ce beurre fait beaucoup d'effet lorsque vous le proposez pour accompagner des huîtres, des grillades, des anchois ou des sardines en boîte, des poissons cuits à la vapeur...

Variantes

Vous pouvez aussi ajouter :
– une pincée de piment d'Espelette ;
– des feuilles de coriandre émincées ;
– des feuilles de menthe émincées ;
– des zestes d'orange ;
– des graines de pavot.

LA VINAIGRETTE AU CITRON ET AUX KUMQUATS

Préparation : 15 minutes
Cuisson : 15 minutes

INGRÉDIENTS

1 citron jaune non traité

6 kumquats

8 cuillerées à soupe de sucre semoule

1 cuillerée à soupe de vinaigre balsamique

6 cuillerées à soupe d'huile d'olive

Fleur de sel

Poivre du moulin

PROGRESSION

- Prélevez les zestes du citron et de 4 kumquats bien lavés. Hachez les zestes et mélangez-les avec le sucre.
- Dans une casserole, faites chauffer sur feu doux pendant 15 minutes les zestes sucrés avec 15 centilitres d'eau (1 verre). Remuez de temps en temps.
- Hors du feu, ajoutez l'huile d'olive, le vinaigre balsamique, la fleur de sel et le poivre. Mélangez bien.
- Utilisez les deux kumquats restants pour la décoration.

Variante

N'hésitez pas à préparer cette vinaigrette sans les kumquats. Ajoutez alors le zeste d'1 citron.

LES HUILES AROMATISÉES AU CITRON

INGRÉDIENTS

2 citrons non traités

1 litre d'huile d'olive

1 bocal avec couvercle hermétique

PROGRESSION

- À l'aide d'un économe ou d'un petit couteau, prélevez l'écorce des citrons en évitant la peau blanche.
- Déposez-les dans le bocal, recouvrez d'huile d'olive, refermez avec le couvercle. Laissez reposer 48 heures avant utilisation.

Variantes

Prélevez l'écorce des citrons. Coupez l'écorce d'1 citron en rondelles de 1 centimètre. Déposez-les dans le bocal, recouvrez d'huile d'olive.

Vous pouvez ajouter à la préparation de base :

– 1 cuillerée à soupe de graines de coriandre et 2 feuilles de laurier ;

– 4 gousses d'ail (avec la peau) piquées en différents endroits avec une fourchette ou un cure-dent ;

– 1 branche de thym ou de romarin ;

– 1 cuillerée à soupe de graines de fenouil ou de cumin ;

– sauge et graines de coriandre.

Pour toutes ces variantes, laissez reposer 48 heures, de façon à ce que les arômes parfument bien vos huiles.

L'astuce

J'ai toujours de l'huile aromatisée d'avance car elle permet de relever le plat le plus basique, comme des coquillettes, et d'en faire un mets inoubliable.

Utilisation

Arrosez 2 boules de glace à la vanille d'huile aromatisée au citron, parsemez d'une pincée de sel de Guérande, c'est délicieux et original.

LES CITRONS SALÉS CONFITS DANS L'HUILE D'OLIVE

Préparation : 15 minutes
Repos : 48 heures
Macération : 3 semaines

INGRÉDIENTS

2 citrons non traités

50 cl d'huile d'olive

400 g de gros sel

1 pot de confiture de 25 à 30 cl

PROGRESSION

• Lavez les citrons. Coupez-les en rondelles de 3 à 4 millimètres d'épaisseur. Enlevez les pépins au fur et à mesure.
• Dans un plat ou sur un plateau, étalez la moitié du gros sel. Posez les rondelles de citron dessus, les unes à côté des autres, bien à plat. Recouvrez du gros sel restant.
• Laissez dégorger pendant 24 heures puis videz l'eau, si nécessaire. Les rondelles doivent toujours être recouvertes de sel. Laissez dégorger de nouveau 24 heures.
• À l'aide d'un couteau, enlevez le gros sel qui se trouve sur les tranches de citron. Au fur et à mesure, placez-les dans un bocal ou un pot de confiture. Versez l'huile d'olive et patientez 3 semaines minimum avant utilisation. Cette huile se conserve 2 mois.

Puis-je parfumer l'huile ?
Parfumez l'huile avec des herbes (laurier, thym, romarin ou basilic).

Comment utiliser le gros sel et l'huile ?
Servez-vous de l'huile dans vos salades ou vos cuissons.
Conservez le gros sel pour la cuisson de vos plats (pâtes, riz, etc.).

LES CITRONS CONFITS AU JUS DE CITRON

Préparation : 10 minutes
Macération : 3 semaines

INGRÉDIENTS

4 petits citrons non traités

Environ 30 cl de jus de citron

4 cuillerées à soupe de sel fin

2 cuillerées à soupe de gros sel

1 bocal avec couvercle hermétique

PROGRESSION

- Fendez en quatre dans le sens de la hauteur les citrons préalablement lavés et séchés, sans séparer les quartiers. Remplissez les fentes de sel fin.
- Placez les citrons dans le bocal en les serrant bien. Versez le jus de citron (il doit recouvrir les citrons). Parsemez de gros sel avant de refermer le couvercle.
- Laissez 3 semaines minimum sans ouvrir le bocal, dans un endroit sombre.

Les conseils de Nathalie

Faites de petits pots car une fois le bocal ouvert vous devrez utiliser les citrons dans les jours qui suivent.

LES CITRONS ENTIERS SALÉS, CONFITS DANS L'EAU

Préparation : 15 minutes
Macération : 15 jours

INGRÉDIENTS

7 à 8 citrons

Environ 250 g de gros sel

1 bocal avec couvercle hermétique (2,5 l)

PROGRESSION

• Plongez les citrons dans l'eau chaude, frottez-les de façon à supprimer la paraffine dont ils sont enduits.

• Fendez-les en quatre sans détacher les quartiers. Remplissez chaque fente d'1 à 2 cuillerées à café de gros sel.

• Faites bouillir 2 litres d'eau.

• Déposez les citrons dans le bocal en les serrant bien. Recouvrez-les complètement d'eau bouillante et refermez le couvercle.

• Patientez 15 jours avant de les utiliser. Vous pouvez les conserver 2 mois.

LES TRANCHES DE CITRONS CONFITS AU SUCRE

Préparation : 5 minutes
Cuisson : 30 minutes

INGRÉDIENTS

4 citrons

200 g de sucre semoule

PROGRESSION

- Coupez les citrons en rondelles de 3 à 4 millimètres d'épaisseur. Déposez-les dans une casserole, en alternant une couche de rondelles de citron et une couche de sucre. Recouvrez d'eau chaude. Placez sur feu doux et comptez 30 minutes environ à partir de l'ébullition : les tranches de citron doivent être translucides.
- Laissez refroidir. Placez dans un bocal les tranches avec leur jus.
- Vous avez 1 mois pour les utiliser.

LES SELS AROMATISÉS

Préparation : 10 minutes
Macération : 24 heures

INGRÉDIENTS

Citron et thym

50 g de sel

1/2 citron

1/2 cuillerée à café de thym

Poivre du Sichuan et citron

50 g de sel

1/2 citron

1/2 cuillerée à café de poivre du Sichuan

1 bocal avec couvercle hermétique

PROGRESSION

- Prélevez les zestes en fines lanières et recoupez-les en petits filaments de 2 à 5 millimètres.
- Mélangez-les avec le sel et le thym. Placez-les dans un bocal hermétique. Attendez 24 heures avant de consommer.
- Prélevez les zestes en fines lanières et recoupez-les en petits filaments de 2 à 5 millimètres.
- Mélangez-les avec le sel et le poivre du Sichuan. Placez-les dans un bocal hermétique. Attendez 24 heures avant de consommer.

Où trouver le poivre du Sichuan ?
Sur les marchés, en épicerie fine ou encore par le biais d'Internet.
Ce poivre ne pique pas et a un goût légèrement citronné.

Les conseils de Nathalie
Utilisez ces sels à la place de votre sel habituel pour vos pâtes, vinaigrettes, ou encore pour aromatiser vos poissons.

LA MAYONNAISE AU CITRON

Préparation : 10 minutes

INGRÉDIENTS

Le jus d'1/2 citron

1 jaune d'œuf extra-frais

1 cuillerée à café de moutarde

10 cl d'huile de tournesol

2 cuillerées à café de yaourt au citron

1 pincée de sel

1 pincée de poivre

PROGRESSION

- Dans une jatte, déposez le jaune d'œuf, la moutarde et le jus de citron. Mélangez bien au fouet ou au batteur électrique. Versez l'huile peu à peu en filet très fin en fouettant.
- Lorsque toute l'huile a été absorbée et que la mayonnaise est bien crémeuse, incorporez peu à peu le yaourt. Rectifiez l'assaisonnement en sel et poivre.
- Servez avec du poisson, de la viande froide, des crustacés, des œufs durs...

L'astuce

Mayonnaise citronnée ultra-rapide

Découpez la pulpe de 1/2 citron en petits dés et incorporez-la à 10 cuillerées à soupe de mayonnaise toute prête.

LA CHANTILLY AU CITRON SALÉE

Préparation : 7 minutes
Cuisson : 2 minutes
Refroidissement : 15 minutes

INGRÉDIENTS

25 cl de crème entière liquide

2 feuilles de gélatine

2 cuillerées à soupe de zestes de citron râpés

1 cuillerée à café de sel

Les conseils de Nathalie
Tous les ustensiles, ainsi que la crème fouettée, doivent être très froids.

Attention !
Si vous souhaitez utiliser votre siphon à chantilly, filtrez les zestes avant !

PROGRESSION

- Faites ramollir les feuilles de gélatine dans de l'eau froide.
- Faites tiédir 10 centilitres de crème avec les zestes de citron. Hors du feu, incorporez les feuilles de gélatine bien essorées et mélangez. Ajoutez le reste de crème. Placez au congélateur 15 minutes.
- Fouettez cette crème, ajoutez le sel et continuez à fouetter jusqu'à l'obtention d'une chantilly.

Cette chantilly citronnée accompagnera parfaitement le caviar (voir recette p. 109).

L'ÉCUME DE CITRON

Préparation : 5 minutes

INGRÉDIENTS

1 cuillerée à café de jus de citron

10 cl de lait

PROGRESSION

- Mélangez le jus de citron avec le lait dans un saladier. En utilisant un mixeur à soupe, la buse à air d'une machine à expresso ou un émulsionneur à lait, faites entrer un maximum d'air dans le lait citronné : penchez le saladier et placez la tête de votre mixeur à cheval entre le liquide au citron et le vide pour faire entrer l'air. Mixez.
- Prélevez délicatement l'écume à la cuillère.

Le conseil de Nathalie

Servez avec des huîtres, du lapin, du poisson, des volailles...

LES ÉCORCES DE CITRON SÉCHÉES

Préparation : 5 minutes
Cuisson : 45 minutes

INGRÉDIENTS

2 ou 3 citrons

Les conseils de Nathalie
Vous pouvez utiliser ces écorces séchées dans des tisanes, des infusions, ou du thé . Moulues, elles relèveront des sauces ou des gâteaux , ou aromatiseront un bouillon ou l'eau du cuit-vapeur lorsque vous préparez des artichauts ou du poisson.

J'ai toujours un pot de zestes séchés dans ma cuisine. Lorsque je vois qu'il ne m'en reste que 3 ou 4, j'en prépare d'autres pour ne pas être à court.

PROGRESSION

- Préchauffez le four à 100 °C (th. 3-4). Prélevez l'écorce de citron avec un couteau ou un économe : veillez à ne prélever que l'écorce sans le zeste, qui est la partie blanche et amère du citron.
- Posez les écorces sur la plaque du four. Laissez 45 minutes : les zestes doivent être durs et secs.

Laissez-les refroidir. Conservez dans un pot ou une boîte hermétique.

LE CHUTNEY AU CITRON

Préparation : 5 minutes
Cuisson : 25 minutes

INGRÉDIENTS

L'écorce d'1 citron vert ou jaune

90 g de dés de pomme

80 g de myrtilles

50 g d'oignon émincé finement

5 cuillerées à soupe de sucre semoule

10 cl de vin rouge

10 cl de vinaigre balsamique

2 cuillerées à café de quatre-épices

PROGRESSION

- Dans une petite casserole, mélangez tous les ingrédients.
- Versez 10 centilitres d'eau, portez à ébullition et laissez compoter pendant 25 minutes. Mélangez fréquemment, et ajoutez un peu d'eau si nécessaire en cours de cuisson.

Le conseil de Nathalie

Utilisez ce chutney pour accompagner vos viandes et poissons.

LA SAUCE AU CITRON

Préparation : 5 minutes
Cuisson : 20 minutes

INGRÉDIENTS

25 g de farine

Le jus de 1/2 citron

25 g de beurre

1/2 cuillerée à café de sel

PROGRESSION

- Dans une petite casserole, chauffez le beurre avec la farine sur feu doux quelques minutes tout en mélangeant à la cuillère en bois.
- Ajoutez peu à peu 50 centilitres d'eau. Mélangez au fouet jusqu'à ébullition. Salez.
- Laissez mijoter doucement 20 minutes : la sauce doit épaissir. Ajoutez le jus de citron et mélangez.

Le conseil de Nathalie

Cette sauce accompagnera merveilleusement viandes et poissons.

de citron

LES GLAÇONS AU CITRON

Préparation : 5 minutes
Congélation : 8 heures environ

INGRÉDIENTS

1 citron vert ou jaune

1 bac à glaçons

Les conseils de Nathalie
Ces glaçons relèvent les boissons. Je les utilise dans les sodas, les jus de fruits ou pour accompagner des thés glacés.

PROGRESSION

- Découpez le citron en rondelles puis chaque rondelle en deux.
- Insérez 1 rondelle de citron dans chaque compartiment du bac à glaçons. Versez l'eau dans les compartiments. Laissez congeler 8 heures minimum.

Variantes

Vous pouvez également mélanger moitié eau et moitié jus de citron, ou intégrer une feuille de menthe ou de coriandre.

de citron

LA CHANTILLY AU CITRON SUCRÉE

Préparation : 10 minutes

INGRÉDIENTS

25 cl de crème entière liquide

2 cuillerées à soupe de jus de citron

2 cuillerées à soupe de sucre glace

PROGRESSION

- Attention, vos ingrédients et ustensiles doivent être très froids, et vous ne devez utiliser que de la crème entière liquide.

Si vous utilisez un fouet

Versez la crème dans un saladier. Fouettez en ajoutant peu à peu le sucre glace puis le jus de citron. Arrêtez de battre dès que la crème atteint la bonne consistance, sinon vous allez faire du beurre.

Si vous utilisez un siphon

Dans un récipient à bec verseur, versez la crème puis peu à peu le sucre glace et le jus de citron.
Versez dans la bouteille du siphon. Suivez les instructions habituelles de votre siphon à chantilly. Pensez à bien secouer le siphon et à le placer tête en bas avant de libérer la crème.

Pour info

Pour une bouteille de 0,5 litre, 1 capsule de gaz suffit ; pour une bouteille d'1 litre, il faudra 2 capsules.

recettes

Mûres à la poudre et chantilly
Fraises, menthe, citron, poivre

LA PÂTE SUCRÉE MAISON AUX ZESTES DE CITRON

Préparation : 25 minutes
Repos : 30 minutes

INGRÉDIENTS

Les zestes d'1 citron vert ou jaune non traité

150 g de farine

25 g de sucre semoule

75 g de beurre demi-sel très froid en dés

3 jaunes d'œuf

PROGRESSION

• Mélangez la farine et le sucre. Tout en pétrissant, ajoutez le beurre, et l'un après l'autre, les jaunes d'œuf. Faites une boule, puis aplatissez-la. Laissez reposer au réfrigérateur au minimum 30 minutes, enveloppée dans du film alimentaire ou, encore mieux, un torchon humide.

• Sortez la pâte du réfrigérateur. Sur le plan de travail légèrement fariné, étalez la pâte finement. Répartissez les zestes sur la pâte puis passez le rouleau à pâtisserie sur la pâte de façon à bien les incruster.

• Utilisez comme une pâte à tarte habituelle.

LES ZESTES CONFITS AU SIROP

Préparation : 10 minutes
Cuisson : 15 minutes

INGRÉDIENTS

2 citrons verts ou jaunes non traités

12 cl de jus de citron

180 g de sucre semoule

PROGRESSION

- Prélevez les zestes des citrons en fins filaments.
- Dans une casserole, déposez les ingrédients. Versez 12 centilitres d'eau. Faites chauffer à feu moyen jusqu'à ce que le sucre soit dissous, puis laissez bouillir 8 à 10 minutes.
- Laissez refroidir. Conservez les zestes confits avec leur sirop dans un bocal au réfrigérateur pendant 1 mois.

Les conseils de Nathalie

Utilisez quelques zestes pour décorer vos plats sucrés ou salés.
Agrémentez de zestes et le sirop sur un cake, un gâteau de Savoie, une vinaigrette...
Je suis sûre que vous allez avoir plein d'idées !

LES RONDELLES DE CITRON DÉSHYDRATÉES

Préparation : 5 minutes
Cuisson : 1 heure environ

INGRÉDIENTS

1 citron non traité

PROGRESSION

- Préchauffez le four à 110 °C (th. 3-4).
- Coupez le citron en fines rondelles de 2 à 3 millimètres d'épaisseur. Essorez-les entre deux feuilles de papier absorbant. Enfournez sur une grille bien à plat (les rondelles ne doivent pas se chevaucher).
- Laissez-les se dessécher dans le four 45 minutes à 1 heure, voire plus selon l'épaisseur de vos tranches. Maintenez la porte du four légèrement entrouverte et retournez-les à mi-cuisson.
- Laissez-les refroidir sur la grille.

Utilisations :
Ces rondelles déshydratées seront parfaites pour aromatiser vos boissons chaudes, tisanes, thé, bouillons. Elles feront de jolies décorations pour vos paquets-cadeaux ou dans vos pots-pourris...

Les boissons

Pour 1 verre long drink

INGRÉDIENTS

1 quartier de citron vert

2 cl de soda au cola

6 cl de gin

6 glaçons en tranches de citron vert et au jus de citron (voir p. 34)

LE CUBA LIBRE

PROGRESSION

• Dans un verre, déposez les glaçons, versez le gin et le soda. Décorez le bord du verre avec le quartier de citron vert. Attendez que les glaçons aient commencé à fondre : ils rafraîchiront la boisson et la citronneront.

Variante

Remplacez le gin par du rhum.

Si vous n'avez pas de glaçons au citron

Remplacez-les par 6 glaçons et 6 quartiers de citron vert que vous presserez dans le verre avant de les y placer. Cette boisson est tellement répandue en Espagne que parfois je me demande si elle ne supplante pas la traditionnelle sangria.

de citron

LE MILK-SHAKE

Pour 1 verre

INGRÉDIENTS

2 boules de sorbet au jus de citron
(voir recette p. 172) ou
de sorbet au citron du commerce
1 yaourt
2 cuillerées à soupe de lait concentré sucré

PROGRESSION

- Fouettez tous les ingrédients ensemble.
- Buvez immédiatement, de préférence très froid.

Variantes

Remplacez le sorbet au citron par du sorbet limoncello et gingembre (voir recette p. 174), ou encore par 1 boule citron et 1 boule orange. Ajoutez des copeaux ou des vermicelles de chocolat.

Le conseil de Nathalie

Servez ce milk-shake au goûter ou en dessert.

L'INFUSION ROSE ET CITRON

Pour 2 tasses

INGRÉDIENTS

3 écorces de citron séchées (voir recette p. 30)

3 boutons de rose séchés

6 feuilles de menthe

4 feuilles de coriandre

PROGRESSION

- Placez les ingrédients dans une théière ou un filtre à thé.
- Arrosez d'eau bouillante et laissez infuser 10 à 15 minutes.
- Servez chaud avec ou sans sucre ou miel.

Variante

Ajoutez à votre thé une écorce de citron fraîche ou séchée. Laissez infuser quelques minutes et dégustez.

Où trouver les boutons de rose ?

Vous trouverez des boutons de rose séchés dans des épiceries fines à un prix élevé. Je les achète en épicerie marocaine, c'est nettement moins cher.

LE MOJITO MENTHE ET CORIANDRE

Pour 1 verre

INGRÉDIENTS

1/2 citron vert

6 à 8 feuilles de menthe entières

6 feuilles de coriandre fraîches

1 cuillerée à soupe de sucre semoule

6 cl de rhum blanc

12 cl d'eau gazeuse

3 glaçons

PROGRESSION

- Placez le sucre, les feuilles de coriandre et de menthe dans un verre.
- Coupez le demi-citron en 2 quartiers. Pressez-les sur les feuilles. Écrasez celles-ci au pilon pour libérer les arômes.
- Déposez les quartiers et les glaçons dans le verre. Arrosez de rhum et d'eau gazeuse. Dégustez bien froid.

LE LIMONCELLO FRAPPÉ

Pour 1 verre

INGRÉDIENTS

10 cl de limoncello

2 cl de gin

Glace pilée

Idée de présentation
Il existe des moules pour faire des verres en glaçon. C'est parfait pour ce genre de boisson, mais il faut boire vite !

PROGRESSION

- Placez les bouteilles de gin et de limoncello au congélateur 4 heures avant la consommation et votre verre 30 minutes avant.
- Dans le verre versez la glace pilée, le gin puis le limoncello et dégustez glacé.

LA CITRONNADE

Pour 1 litre

INGRÉDIENTS

Le jus d'1 citron vert

Le jus d'1 citron jaune

1 litre d'eau gazeuse

Sirop de citron

PROGRESSION

- Préparez le sirop de citron en suivant la recette des zestes de citron confits p. 38.
- Filtrez les zestes, utilisez 10 centilitres de sirop de citron.
- Mélangez les ingrédients. Servez frais avec des glaçons.

Pour 1 verre

LE BLISS

INGRÉDIENTS

1,5 cl de jus de citron vert

1,5 cl de limoncello

3 cl de gin

1 cl de liqueur de gingembre

Jus d'orange

Glace pilée

1 rondelle de citron

PROGRESSION

- Déposez dans un verre de la glace pilée.
- Dans un shaker, mélangez le jus de citron avec le limoncello, le gin et la liqueur de gingembre.
- Versez sur la glace pilée. Complétez avec le jus d'orange. Décorez avec 1 rondelle de citron.

LA MARGARITA

Pour 1 verre

INGRÉDIENTS

4 cl de tequila

2 cl de Cointreau®

Le jus d'1 citron (vert, de préférence)

Glace pilée

1 rondelle de citron

Sel fin

PROGRESSION

- Givrez le bord du verre en passant la rondelle de citron dessus puis en le trempant dans le sel.
- Dans un shaker, mélangez la téquila avec le Cointreau® et le jus de citron.
- Servez très frais avec de la glace pilée.

Pour 1 litre

L'EAU CITRONNÉE

INGRÉDIENTS

1 citron vert ou jaune non traité

1 branche de menthe

Glaçons (facultatif)

PROGRESSION

- Cannelez le citron ou faites des incisions au couteau. Placez-le dans la carafe, avec la branche de menthe. Versez 1 litre d'eau.
- Ajoutez éventuellement des glaçons...

Le conseil de Nathalie

Voici une eau que je propose souvent à mes invités.

Elle est très élégante sur une table et délicieuse quel que soit le plat !

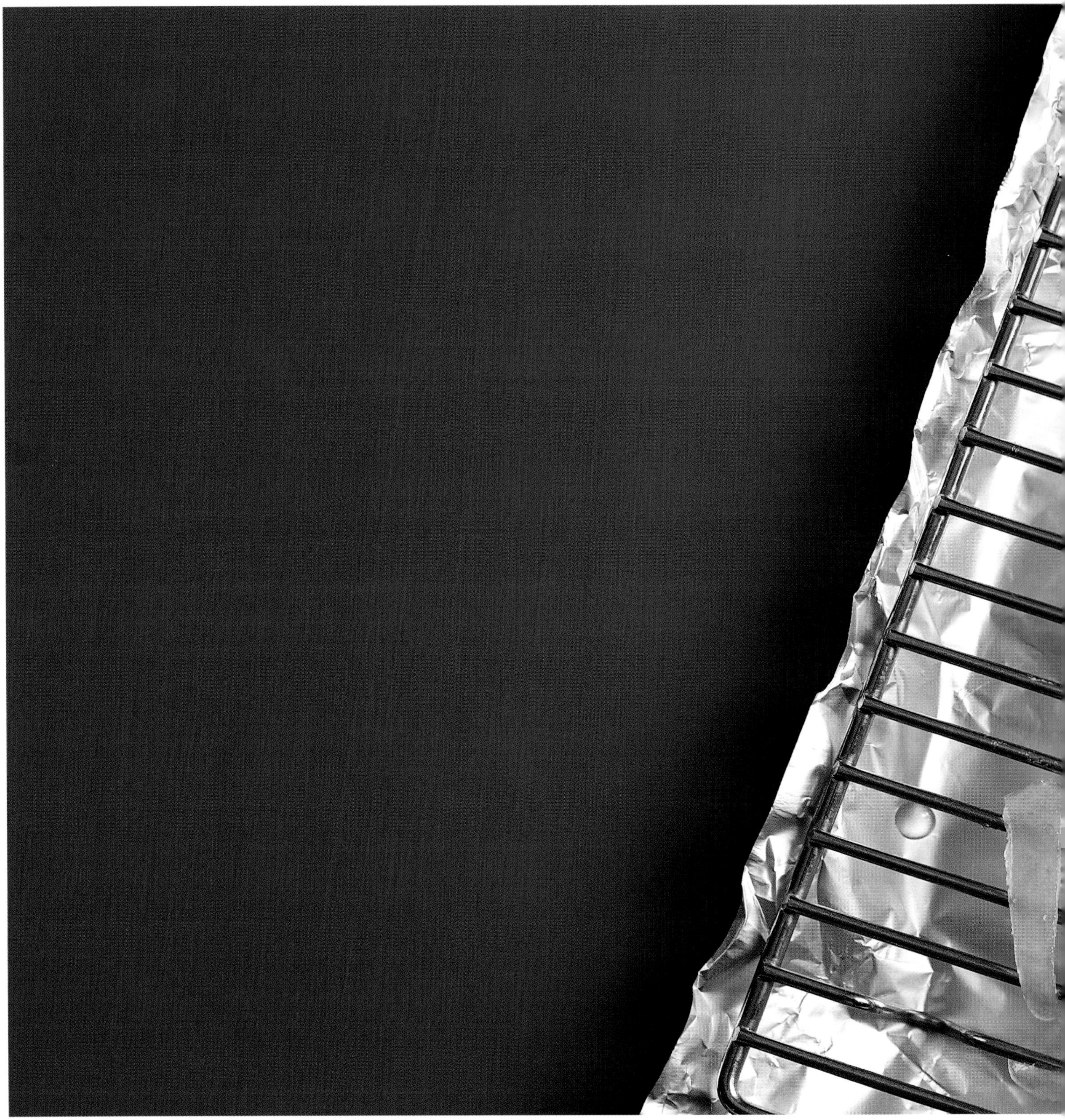

LES CRÊPES AU CITRON

Pour environ 12 crêpes
Préparation : 10 minutes
Repos : 30 minutes
Cuisson : 1 minute par crêpe

INGRÉDIENTS

1 citron non traité

5 œufs

2 cuillerées à café de levure

250 g de farine

50 g de sucre semoule

50 cl de lait

50 g de beurre demi-sel

Huile pour la poêle

PROGRESSION

- Râpez le zeste du citron (voir p. 10).
- Versez le lait dans une casserole, ajoutez le zeste et le beurre coupé en dés. Faites tiédir quelques minutes.
- Versez la farine et la levure dans un saladier. Ajoutez les œufs un à un, en mélangeant bien entre chaque œuf. Intégrez le lait à la pâte, en filet et en remuant bien (si vous versez le lait d'un coup, vous obtiendrez des grumeaux). Ajoutez le sucre, puis le jus filtré de la moitié du citron. Mélangez. Laissez reposer la pâte sous un linge pendant 30 minutes environ.
- Graissez légèrement une poêle à crêpes. Faîtes-la chauffer et versez-y un peu de pâte. Lorsque les rebords commencent à être bien dorés, retournez la crêpe à l'aide d'une spatule en bois ou, comme le veut la coutume, en la faisant sauter.
- Saupoudrez de sucre et servez.

Comment obtenir un goût encore plus citronné ?
Préparez et faites cuire vos crêpes, et au moment de les servir, versez le sucre sur les crêpes chaudes et arrosez de jus de citron. Pliez et servez tiède.

Dois-je laisser reposer la pâte ?
Plus vous laisserez la pâte reposer, plus les zestes infuseront et l'aromatiseront. Sophie Dudemaine, dans son livre *Les Crêpes de Sophie*, conseille d'utiliser du lait tiède : cela accélère le gonflement de l'amidon contenu dans la farine, et donc raccourcit le traditionnel temps de repos de la pâte ; la pâte à crêpes est alors plus facile à étaler.

LES YAOURTS MAISON AUX TARTELETTES AU CITRON

Pour 6 pots
Préparation : 15 minutes
Cuisson : 25 minutes
Réfrigération : 24 heures

INGRÉDIENTS

6 tartelettes au citron (environ 140 g)
1 yaourt entier à température ambiante
1 litre de lait entier
2,5 cuillerées à soupe de lait en poudre entier
5 cl de sirop de vanille

6 pots à yaourt

Où trouver des tartelettes au citron ?
Achetez les tartelettes vendues en paquet au rayon goûters du supermarché.

Où trouver du sirop de vanille ?
Vous trouverez du sirop de vanille soit au rayon sirops soit au rayon alcools pour cocktails.

Comment faire des yaourts sans yaourtière ?
Préchauffez le four à 40 °C (th. 1-2). Enfournez les pots 1 h 30. Éteignez le four sans ouvrir la porte et laissez les yaourts pendant 5 heures. Fermez les pots et placez au réfrigérateur 24 heures.

Le conseil de Nathalie
Tous les ingrédients doivent être à température ambiante.

PROGRESSION

- Faites bouillir le lait pendant 25 minutes : il doit réduire d'un tiers de son volume. Laissez refroidir à température ambiante.
- Coupez chaque tartelette en petits dés, que vous répartirez dans chaque pot.
- Dans un saladier, fouettez le lait en poudre avec le sirop et le yaourt. Versez le lait dans les pots, sur les morceaux de tartelette.
- Fermez le couvercle de votre yaourtière, allumez et laissez fermenter pendant 9 heures.
- Posez les couvercles sur les pots et placez-les 24 heures au réfrigérateur pour les rendre plus fermes avant de déguster.

LES PALETS CITRON ET POIVRE

Pour environ 20 palets
Préparation : 15 minutes
Repos : 1 h 30
Cuisson : 7 à 10 minutes

INGRÉDIENTS

1 citron non traité

2 jaunes d'œufs

180 g de farine

140 g de sucre semoule

150 g de beurre ramolli

1/2 cuillerée à café de poivre fraîchement moulu

PROGRESSION

- Prélevez les zestes du citron.
- Battez le beurre et le sucre jusqu'à ce que le mélange blanchisse. Ajoutez les ingrédients suivants les uns après les autres : zestes, poivre, jaunes d'œufs, farine. Rajoutez un peu de farine si votre pâte est trop collante.
- Faites un rouleau d'environ 4 centimètres de diamètre. Enveloppez-le dans du film alimentaire. Placez au réfrigérateur pendant 1 heure 30 minimum : le rouleau doit durcir.
- Préchauffez le four à 180 °C (th. 6).
- Découpez des palets de pâte de 0,5 centimètre d'épaisseur. Placez-les sur une plaque de cuisson recouverte de papier sulfurisé. Enfournez et laissez cuire 7 à 10 minutes : les palets doivent être encore mous en fin de cuisson et juste dorés sur le bord. Laissez refroidir sur une grille.
- Dégustez froid.

L'astuce

Si vous avez oublié de sortir le beurre pour le ramollir, râpez-le.

Les conseils de Nathalie

Découpez des palets d'épaisseur équivalente pour une cuisson homogène.

Surveillez bien la cuisson.

Pour environ 15 madeleines
Préparation : 20 minutes
Cuisson : 12 minutes environ

INGRÉDIENTS

1 citron non traité

4 œufs

100 g de sucre semoule

120 g de farine

2 cuillerées à café de levure

Sucre glace (facultatif)

90 g de beurre demi-sel

LES MADELEINES AU CITRON

PROGRESSION

- Préchauffez le four à 220 °C (th. 7-8).
- Faites fondre le beurre au micro-ondes ou dans une casserole. Laissez refroidir.
- Prélevez l'écorce du citron finement (voir p. 10).
- Fouettez les œufs avec le sucre jusqu'à ce que le mélange blanchisse et devienne mousseux.
- Ajoutez les zestes, le beurre fondu, la farine et la levure.
- Beurrez et farinez légèrement vos moules à madeleines. Remplissez-les de pâte. Enfournez 4 minutes, puis ramenez la température du four à 200 °C (th. 6) pendant 8 à 10 minutes. Sortez vos madeleines lorsque les bords commencent à roussir.
- Démoulez, laissez refroidir puis saupoudrez de sucre glace.

Le conseil de Nathalie
Les madeleines au citron accompagnent de façon idéale le thé, mais également les glaces.

LES MERVEILLES AU CITRON

Pour environ 30 gâteaux
Préparation : 20 minutes
Repos de la pâte : 1 heure
Cuisson : 10 minutes

INGRÉDIENTS

2 citrons non traités

2 œufs

500 g de farine

2 cuillerées à café de levure

Sucre en poudre

150 g de beurre ramolli

1 cuillerée à café de sel

1 bain d'huile pour la friteuse

PROGRESSION

• Prélevez les zestes des citrons avec une râpe fine (voir p. 10).

• Versez la farine dans un saladier, ajoutez les zestes, la levure, le beurre ramolli, 17 centilitres d'eau, le sel et les œufs. Formez une boule, aplatissez-la, placez-la dans un linge humide ou un film alimentaire. Réservez 1 heure au réfrigérateur.

• Faites chauffer le bain d'huile.

• Étalez la pâte au rouleau sur 3 millimètres d'épaisseur. Découpez des formes à la main ou avec des emporte-pièces.

• Faites frire les palets quelques minutes et égouttez-les sur du papier absorbant. Saupoudrez de sucre. Servez tiède ou froid.

LE LEMON CURD

Préparation : 30 minutes

INGRÉDIENTS

2 citrons

6 jaunes d'œufs

180 g de sucre semoule

20 g de beurre

L'astuce

Je me sers du lemon curd en tartine mais également en tant que garniture pour une tarte au citron minute.

Le conseil de Nathalie

Cette pâte au citron est un grand classique anglo-saxon. Utilisez-la comme pâte à tartiner ou comme garniture pour vos tartes.

Le lemon curd se marie très bien avec les choco-cubes de mon livre *Génial ! On popote avec papa* paru aux Éditions Minerva.

PROGRESSION

- Prélevez les zestes et pressez les citrons.
- Fouettez le jus des citrons avec les jaunes d'œufs et le sucre jusqu'à ce que le mélange blanchisse.
- Faites cuire au bain-marie en ajoutant le beurre en dés et les zestes. Remuez jusqu'à épaississement de la pâte. Laissez refroidir.

de citron

LES MUFFINS
CŒUR DE CHOCOLAT

Pour 12 muffins
Préparation : 20 minutes
Cuisson : 25 minutes

INGRÉDIENTS

Pour le sirop au citron

2 citrons jaunes

60 g de sucre semoule

12 cuillerées à café de Nutella®

2 œufs

200 g de farine

140 g de sucre semoule

1 sachet de levure

15 cl de lait

200 g de beurre demi-sel ramolli

1 noix de beurre pour les moules

Les conseils de Nathalie
Si vous n'avez pas de moule à muffins, utilisez des ramequins garnis de coupelles en papier.

L'astuce
Tous les ingrédients (lait, œufs, beurre) doivent être à température ambiante.

PROGRESSION

- Préchauffez le four à 180 °C (th. 6).
- À l'aide d'un couteau zesteur, prélevez les zestes des citrons, puis pressez-les. Versez le jus filtré et les zestes dans une casserole avec 50 grammes de sucre. Faites épaissir en sirop sur feu moyen ; le liquide ne doit ni bouillir ni noircir, mais devenir sirupeux. Les zestes vont se ramollir et confire. Remuez de préférence avec une cuillère en bois. Laissez refroidir.
- Fouettez le beurre avec le sucre jusqu'à ce que le mélange devienne mousseux. Je vous recommande pour cette opération l'utilisation d'un fouet électrique. Ajoutez les œufs l'un après l'autre, en mélangeant entre deux. Ajoutez peu à peu le lait. Versez la farine et la levure. Mélangez bien, puis ajoutez le sirop et ses zestes.
- Beurrez légèrement les moules.
- Remplissez les moules sur 1 centimètre de profondeur. Au centre de chacun, versez 1 cuillerée à café de Nutella®, puis répartissez la pâte restante dans chaque moule jusqu'à la moitié. Enfournez 25 minutes.
- Si le dessus des gâteaux commence à noircir, couvrez-les d'une feuille d'aluminium. Laissez refroidir. Démoulez sur une grille lorsque les bords des gâteaux se décollent des parois des moules.

LES GUIMAUVES AU CITRON

Pour environ 25 guimauves
Préparation : 10 minutes
Cuisson : 10 minutes
Séchage : 24 heures

INGRÉDIENTS

3 blancs d'œufs

4 feuilles de gélatine

250 g de sucre semoule

Sucre glace

25 g de sirop de glucose

3 gouttes de colorant jaune

2 cl d'arôme de citron

PROGRESSION

- Faites ramollir les feuilles de gélatine dans de l'eau froide.
- Dans un saladier, montez les blancs en neige ferme.
- Dans une casserole, portez à ébullition 75 centilitres d'eau, le sucre et le glucose. Il faut que la température monte à 130 °C (comptez 10 minutes d'ébullition à feu vif).
- À l'aide d'un fouet, ajoutez les feuilles de gélatine, le sirop en ébullition puis l'arôme de citron et le colorant. Incorporez les blancs en neige. Fouettez délicatement jusqu'à refroidissement.
- Recouvrez les parois d'un moule, de préférence carré ou rectangulaire, de papier sulfurisé. Saupoudrez de sucre glace, versez le sirop, tamisez le sucre glace et laissez sécher à l'air libre 12 heures minimum. Retournez la pâte, parsemez le dessus de sucre glace, puis laissez de nouveau sécher 12 heures avant de déguster.

Qu'est ce que le sirop de glucose et où en trouver ?
C'est un sirop transparent qui a la consistance du miel. Je l'achète sur Internet chez Le meilleur du chef ou Patiwizz.

Où trouver de l'arôme de citron et du colorant ?
Je les achète en grande surface au rayon pâtisserie. L'arôme se présente généralement en petites bouteilles de 2 ml, et le colorant jaune est souvent vendu avec le rouge et le vert.

de citron

CANDIED CITRON AU CHOCOLAT NOIR

Pour 20 mouillettes
Préparation : 30 minutes
Refroidissement : 1 heure
Cuisson : 20 minutes

INGRÉDIENTS

3 citrons non traités

100 g de chocolat noir

Sucre semoule

PROGRESSION

- Avec un couteau, taillez l'écorce des citrons en lamelles d'environ 1 centimètre de large, sur toute la longueur du fruit.
- Pressez les citrons.
- Pesez les écorces, mélangez-les avec le même poids de sucre et le jus des citrons : les écorces doivent être totalement immergées dans ce mélange ; si ce n'est pas le cas, ajoutez un peu d'eau.
- Placez 20 minutes sur le feu pour les confire. Laissez-les ensuite refroidir sur du papier sulfurisé pendant 1 heure.
- Faites fondre le chocolat noir au bain-marie ou au micro-ondes. Trempez les écorces une par une aux deux tiers dans le chocolat fondu, puis laissez-les refroidir sur du papier sulfurisé.
- Une fois le chocolat durci, placez les mouillettes au réfrigérateur ou dégustez aussitôt.

LES COOKIES AU CITRON

Pour environ 10 cookies
Préparation : 10 minutes
Cuisson : 10 minutes par fournée

INGRÉDIENTS

2 citrons non traités

1 œuf

125 g de sucre semoule

150 g de farine

1 cuillerée à café de levure

75 g de beurre demi-sel ramolli

L'astuce

Laissez cuire vos petits gâteaux pour 10 minutes, pas plus, ils vont durcir en refroidissant : si vous les laissez cuire jusqu'à ce qu'ils soient durs, vous prenez alors le risque d'y laisser vos dents.

Le conseil de Nathalie

Si l'on devait lister quelques péchés de gourmandise, ces cookies au citron seraient en bonne place. Mangez-les froids, c'est à cette température que le goût du citron ressort le mieux. Le contour doit être croustillant et le centre moelleux.

PROGRESSION

- Préchauffez le four à 180 °C (th. 6).
- Râpez finement les écorces des deux citrons.
- Fouettez le sucre avec le beurre, le mélange doit blanchir. Je vous recommande d'utiliser un fouet électrique, ce sera moins long et moins fatigant. Ajoutez l'œuf, les zestes de citron, la farine et la levure. Mélangez bien entre chaque ingrédient avant d'ajouter le suivant.
- Protégez la plaque à pâtisserie avec une feuille de papier sulfurisé. Déposez des boules de pâte de la taille d'une balle de ping-pong, en les espaçant d'au moins 5 centimètres, car les boules de pâte vont s'étaler lors de la cuisson et vous risquez de vous retrouver avec un cookie géant. Enfournez et laissez cuire 10 minutes.
- À la sortie du four, laissez-les refroidir 5 minutes puis placez-les sur une grille jusqu'à complet refroidissement.

Variantes

Ces petits gâteaux sont si bons que vous ne résisterez pas à la tentation de les refaire de nombreuses fois. Pour varier, ajoutez 25 grammes de pépites de chocolat, ou de cerneaux de noix. Vous pouvez également les saupoudrer de sucre vanillé avant de les enfourner.

MES LOLLIPOPS ACIDULÉES

Pour 15 sucettes
Préparation et cuisson : 20 minutes
Séchage : 1 heure

INGRÉDIENTS

165 g de sucre très fin

210 g de sirop de glucose

1 cuillerée à soupe d'arôme de citron

2 gouttes de colorant jaune

15 bâtons de sucette

PROGRESSION

- Faites chauffer à feu doux le sucre et le sirop de glucose, jusqu'à complète dissolution (environ 5 à 6 minutes).
- Montez le feu, portez à ébullition pendant 7 minutes environ : la couleur du liquide doit devenir très légèrement ambrée. Si vous avez un thermomètre à sucre, il doit atteindre 150 °C, température qui permet d'obtenir un sucre solide, non malléable. Éteignez le feu et ajoutez la cuillerée à soupe d'arôme de citron.
- Sur une feuille de papier sulfurisé, versez une cuillerée à soupe du sirop. Étalez-la légèrement pour obtenir un petit palet. Insérez immédiatement un bâton de sucette. Procédez de la même façon pour confectionner les autres sucettes.
- Laissez refroidir et sécher à température ambiante pendant 1 heure.

Où trouver du sirop de glucose ?

J'achète ce sirop transparent qui a la consistance du miel sur Internet chez *Le meilleur du chef* ou *Patiwizz*.

Où trouver des bâtons de sucette ?

Lorsque je voyage, je vais dans toutes les boutiques d'ustensiles de cuisine que j'ai essayé de repérer à l'avance sur Internet ou dans la presse.

Pour les bâtons de sucette, coupez des brochettes en bois pour qu'elles aient une longueur d'environ 15 cm.

1PT
3/4PT
1/2PT
1/4PT
2 CUPS
1½ CUPS
16OZ
12OZ
8OZ
4OZ

LES DATTES RÔTIES AU JUS DE CITRON

Pour 20 bouchées
Préparation : 2 minutes
Cuisson : 7 minutes

INGRÉDIENTS

20 dattes

Le jus d'1 citron jaune

Avec quoi servir les dattes ?
Servez-les seules ou pour accompagner une glace.

PROGRESSION

- Préchauffez le four à 225 °C (th. 7-8) avec le plat de cuisson.
- Déposez les dattes dans le plat et laissez rôtir 7 minutes.
- Arrosez de jus de citron avant de déguster.

de citron

LES BOUCHÉES NOISETTES ET CITRON

Pour 15 bouchées
Préparation : 15 minutes
Cuisson : 25 minutes

INGRÉDIENTS

75 g de noisettes entières

Sucre glace

1 citron non traité

150 g de farine

30 g de sucre semoule

150 g de beurre ramolli

PROGRESSION

- Préchauffez le four à 180 °C (th. 6).
- Prélevez les zestes du citron.
- Dans une poêle, faites dorer à sec les noisettes. Enlevez leur peau si nécessaire, puis concassez-les grossièrement.
- Fouettez le beurre avec le sucre. Ajoutez les noisettes puis la farine peu à peu et les zestes. Mélangez.
- Formez des petites boules de la taille d'une demi-balle de ping-pong. Déposez-les sur une plaque à pâtisserie recouverte de papier sulfurisé. Enfournez 25 minutes, puis laissez refroidir sur une grille posée sur une feuille de papier sulfurisé. Tamisez du sucre glace sur les gâteaux refroidis.

Les plats salés

LES PAPILLOTES DE THON ET DE FENOUIL AUX DEUX CITRONS

Pour 4 personnes
Préparation : 15 minutes
Cuisson : 15 à 20 minutes

INGRÉDIENTS

4 steaks ou pavés de thon frais ou décongelé
1 citron vert
1 citron jaune
1 bulbe de fenouil
5 cl de vin blanc
Grains de poivre vert en bocal
Huile d'olive
Sel
Poivre du moulin

4 feuilles de 40 x 30 cm de papier sulfurisé

PROGRESSION

- Préchauffez le four à 200 °C (th. 6-7).
- Émincez le fenouil.
- Coupez les citrons en tranches.
- Répartissez le fenouil au centre de chaque feuille de papier sulfurisé. Ajoutez quelques grains de poivre vert, salez, poivrez, arrosez d'un filet d'huile d'olive. Posez le steak de thon, salez, poivrez, arrosez d'un peu d'huile d'olive. Recouvrez d'1 tranche de chaque citron, arrosez d'un peu d'huile et de vin. Refermez les papillotes.
- Enfournez 15 à 20 minutes.
- Servez chaud.

L'astuce

J'ai du mal à trouver des steaks ou des pavés de thon frais, alors j'en ai en permanence des surgelés dans mon congélateur.

Vous pouvez accompagner ces steaks de mayonnaise au citron.

LES RAVIOLES DE CRABE AUX HERBES ET ÉCUME DE CITRON

Pour 12 ravioles
Préparation : 20 minutes
Cuisson : 10 minutes

INGRÉDIENTS

24 feuilles de ravioli chinois décongelées

1 citron

12 feuilles de coriandre fraîches

1 boîte de crabe (environ 120 g)

3 Boursin® « ail et fines herbes » (environ 50 g)

Huile (citronnée de préférence)

PROGRESSION

- Pour l'écume de citron, voir recette p. 29.
- Râpez les zestes du citron (voir p. 10). Prélevez le jus.
- Égouttez le crabe dans une passoire. Pressez bien pour ne conserver que la chair.
- Lavez les feuilles de coriandre.
- Dans un petit saladier, mélangez le Boursin® avec le crabe et la moitié des zestes de citron.
- Au centre de 12 feuilles de ravioli, déposez une petite cuillerée de farce au crabe.
- Posez sur chaque petit dôme 1 feuille de coriandre.
- Humectez le bord de la feuille de ravioli farcie, recouvrez d'une feuille de ravioli nature, soudez les côtés en pressant avec vos doigts et en veillant à chasser tout l'air entre la pâte et la farce.
- Huilez le dessus de chaque ravioli et faites cuire 10 minutes dans un panier-vapeur sans les superposer. Préparez l'écume de citron.
- Servez les ravioles chaudes, accompagnées d'une cuillerée à soupe d'écume de citron.
- Répartissez le zeste restant sur l'écume de citron et arrosez chaque raviole de quelques gouttes de jus de citron.

LES DAURADES RÔTIES AU CITRON VERT

Pour 4 personnes
Préparation : 5 minutes
Cuisson : 20 minutes

INGRÉDIENTS

4 petites daurades vidées et écaillées

3 citrons verts non traités

2 cuillerées à café d'ail en petits dés ou en purée

3 cuillerées à café d'huile d'olive

1 cuillerée à café de sel

Poivre du moulin

Idée de présentation
Farcissez d'herbes (aneth...) le ventre des daurades et les ouïes d'une demi-tranche très fine de citron.

PROGRESSION

- Préchauffez le four à 200 °C (th. 6-7).
- Prélevez les zestes des citrons.
- Pressez 1 citron, mélangez le jus à l'huile et à l'ail, salez et poivrez. Ajoutez les zestes.
- Incisez le dessus des daurades sur 1 centimètre de profondeur et sur toute leur largeur, en inclinant un peu le couteau. Placez-les dans un plat à four légèrement huilé.
- Arrosez d'huile aillée et citronnée, en veillant à la faire pénétrer dans les entailles.
- Enfournez et laissez cuire 20 minutes.
- Servez chaud.

LES CROQUETTES DE THON AU CITRON

Pour une quarantaine de croquettes
Préparation : 15 minutes
Cuisson : 4 minutes

INGRÉDIENTS

1 kg de pommes de terre à purée

2 citrons

1 boîte de thon au citron

3 blancs d'œufs

120 g de chapelure

Aneth

Sel

Poivre du moulin

1 bain d'huile pour friture

L'astuce
Vous pouvez ajouter à votre préparation de pommes de terre 1 gousse d'ail en purée.

PROGRESSION

- Portez 2 litres d'eau salée à ébullition.
- Épluchez et coupez en gros dés les pommes de terre. Faites-les cuire dans l'eau salée bouillante 20 minutes. Égouttez-les, écrasez-les à la fourchette et laissez refroidir complètement.
- Faites chauffer l'huile de friture à 180 °C.
- Râpez les zestes des citrons.
- Ajoutez à la purée le thon, l'aneth et les zestes râpés d'1 citron. Salez, poivrez. Façonnez cette purée au thon citronné en petites billes.
- Dans une assiette creuse, versez la chapelure. Ajoutez les zestes râpés du second citron.
- Dans une seconde assiette creuse, fouettez légèrement les blancs d'œufs. Trempez successivement les billes dans le blanc d'œuf puis dans la chapelure.
- Faites frire les croquettes 3 minutes, laissez égoutter 30 secondes puis replongez-les quelques secondes. Égouttez-les sur un papier absorbant.
- Servez-les chaudes accompagnées de 4 demi-citrons insérés dans une mousseline.

LE CRUMBLE DE FLÉTAN AU CITRON VERT

Pour 4 personnes
Préparation : 20 minutes
Cuisson : 20 minutes

INGRÉDIENTS

450 g de flétan
4 fonds d'artichauts surgelés
(ceux de chez Picard® sont parfaits)
1 citron vert non traité
30 g de biscottes
8 cuillerées à café d'huile d'olive
40 g de beurre demi-sel
1/2 cuillerée à café de sel
Poivre du moulin

PROGRESSION

- Râpez le zeste du citron (voir p. 10) et recueillez le jus. Réservez 1 cuillerée à café de zeste.
- Écrasez les biscottes en chapelure. Ajoutez le zeste du citron et le sel.
- Faites cuire les fonds d'artichauts selon les instructions de l'emballage.
- Dans une poêle, saisissez à feu vif de chaque côté le filet de flétan avec 25 grammes de beurre : le poisson doit être doré.
- Émiettez grossièrement le poisson, coupez en dés les artichauts.
- Répartissez poisson et artichauts dans 4 verres ou assiettes.
- Fouettez l'huile d'olive avec le jus de citron, salez et poivrez. Arrosez chaque verre de ce mélange.
- Dans une poêle, faites fondre le beurre restant et mettez à dorer la chapelure aromatisée. Saupoudrez les verres de chapelure juste avant de servir afin qu'elle reste croustillante.
- Décorez avec le zeste de citron réservé. Servez chaud.

Variantes

Ajoutez quelques graines de coriandre au poisson et aux artichauts, ou parsemez quelques graines de sésame préalablement grillées à sec. Vous pouvez également ajouter 2 cuillerées à café de basilic ciselé à la chapelure.

LES TAPAS DE POULPE

Pour 4 personnes
Préparation : 15 minutes
Cuisson : 35 à 40 minutes

INGRÉDIENTS

5 citrons

1 kg de poulpe vidé

1 oignon

6 pincées de sel de Maldon

(ou, à défaut, de sel de Guérande)

6 cuillerées à soupe d'huile d'olive

1 pincée de piment d'Espelette

Sel

Poivre du moulin

Où trouver des mousselines ?
En fait, j'achète des bandes de gaze en pharmacie que je découpe à la dimension voulue. En général, je double ou triple l'épaisseur. Ces mousselines sont très pratiques car elles empêchent pépins et pulpe de tomber.

PROGRESSION

- Portez 2 litres d'eau à ébullition avec l'oignon. Déposez le poulpe. Laissez cuire 35 à 40 minutes, puis éteignez le feu et couvrez 15 minutes. Égouttez, découpez le poulpe en petits morceaux avec des ciseaux.
- Arrosez les morceaux de poulpe d'huile d'olive et saupoudrez de sel de Maldon. Râpez le zeste d'1 citron.
- Coupez les autres citrons en deux, insérez chaque moitié dans une mousseline, saupoudrez de piment d'Espelette.
- Servez froid en tapas avec des petites rondelles de pain ou des mini-biscottes.

Deux méthodes pour que le poulpe soit tendre

- La méthode douce : congelez-le 2 jours minimum, puis laissez-le décongeler 1 jour au réfrigérateur.
- La méthode sportive : si vous n'avez pas le temps de le congeler, posez-le sur une planche à découper, recouvrez-le d'un torchon et tapez dessus avec un marteau ou un maillet pour ramollir sa chair.

LES PAPILLOTES DE CRUSTACÉS À LA VAPEUR DE CITRON

Pour 4 personnes
Préparation : 10 minutes
Cuisson : 4 à 8 minutes

INGRÉDIENTS

8 coques

4 palourdes

20 queues de gambas décortiquées

8 noix de Saint-Jacques

1 citron vert

4 cuillerées à soupe de jus de citron

40 g de beurre demi-sel

2 cuillerées à café de baies roses

Sel

Poivre du moulin

4 feuilles de papier sulfurisé de 40 x 30 cm

ou 4 petits bocaux avec couvercle

Le conseil de Nathalie
Si vous utilisez des produits surgelés, décongelez-les avant de les cuisiner.

PROGRESSION

- Préchauffez le four à 210 °C (th. 7).
- Répartissez dans chaque papillote 2 coques, 1 palourde, 5 queues de gambas, 2 noix de Saint-Jacques, 1/2 cuillerée à café de baies roses, 10 grammes de beurre, 1 cuillerée à soupe de jus de citron et 1 rondelle de citron. Salez et refermez la papillote.
- Si vous cuisez vos papillotes dans du papier sulfurisé, enfournez 4 minutes.
- Si vous les cuisez dans des bocaux, laissez ceux-ci ouverts et enfournez 6 à 8 minutes. Fermez les pots pour les présenter sur la table.

Variante

Si vous disposez de feuilles de citron kafir, ajoutez une feuille (ou un morceau de feuille si elles sont très grandes) à vos papillotes.

WECK

LES GAMBAS MARINÉES ET CITRONS GRILLÉS

Pour 12 brochettes
Préparation : 5 minutes
Marinade : 1 heure
Cuisson : 2 minutes

INGRÉDIENTS

12 gambas

3 citrons verts ou jaunes

1 cuillerée à café de paprika

6 cuillerées à café d'huile d'olive

12 brochettes en bois

PROGRESSION

- Râpez les zestes des citrons. Recueillez le jus d'1 citron.
- Dans un bol, mélangez les zestes et le jus avec l'huile d'olive et le paprika.
- Coupez les citrons en rondelles.
- Sur chaque brochette en bois, piquez en les alternant 1 gamba et 1 tranche de citron. Plongez-les dans un bol et laissez-les mariner 1 heure.
- Faites griller les brochettes 1 minute, de chaque côté, au barbecue, sous le gril du four ou à la poêle.

LES TEMPURAS DE CALAMARS

Pour 4 personnes
Préparation : 5 minutes
Trempage : 2 à 3 heures
Cuisson : 2 à 3 minutes

INGRÉDIENTS

250 g de calamars

100 g de farine

1 citron jaune

1 litre de lait

1 pincée de sel

1 bain d'huile pour la friture

PROGRESSION

- Découpez les calamars en lamelles de 0,5 centimètre de large. Faites-les tremper 2 à 3 heures dans le lait pour les ramollir.
- Confectionnez une pâte avec 16 centilitres d'eau glacée, la farine et le sel.
- Faites chauffer le bain d'huile à 180 °C. Plongez les lanières de calamars dans la pâte et faites-les frire 2 à 3 minutes.
- Égouttez sur un papier absorbant, salez.
- Servez chaud arrosé de jus de citron.

LES OURSINS À L'ÉCUME DE CITRON

Pour 4 personnes
Préparation : 10 minutes

INGRÉDIENTS

12 oursins

1 cuillerée à café de jus de citron

10 cl de lait

PROGRESSION

- Préparez l'écume de citron (voir p. 29).
- Ouvrez vos oursins (ou demandez à votre poissonnier de le faire).
- En vous aidant de la pointe d'un couteau ou d'une petite cuillère, enlevez tout ce qui n'est pas le corail orange. Rincez, si nécessaire, sous un filet d'eau très doux.
- Servez avec l'écume de citron.

Conseil

Servez avec des toasts au beurre au citron haché (voir p.14).

LES ROULEAUX DE SAUMON AU TABOULÉ CITRONNÉ

Pour 4 personnes
Préparation : 15 minutes
Repos : 1 nuit

INGRÉDIENTS

4 tranches de saumon fumé
1 boîte de miettes de crabe
2 gros cornichons
1 tomate
1 yaourt au citron
125 g de semoule à couscous moyenne
1 citron vert
2 citrons jaunes juteux
1 cuillerée à soupe de menthe émincée
1 cuillerée à café d'aneth ciselée
1 tranche de citron pour la décoration
1 cuillerée à soupe d'huile d'olive
Sel
Poivre du moulin

Conseil de présentation
Ces rouleaux sont très graphiques.
Posez-les sur l'assiette comme des makis.

PROGRESSION

- Recueillez le jus des citrons jaunes.
- Dans un bol, préparez la sauce au citron : mélangez l'huile avec le jus des citrons et le yaourt ; salez et poivrez.
- Détaillez la tomate et les cornichons en petits dés. Versez la semoule dans un saladier. Ajoutez la tomate, les cornichons, la menthe et le crabe. Versez la sauce au citron, mélangez et placez le saladier recouvert de film alimentaire une nuit au réfrigérateur.
- Le lendemain, égrenez la semoule à la fourchette. Étalez devant vous un rectangle de film alimentaire d'environ 30 centimètres de long sur 20 de large. Posez les tranches de saumon sur la longueur en les superposant légèrement. Répartissez la semoule sur toute la longueur la plus proche de vous. En vous aidant du film alimentaire, formez un rouleau de saumon en le serrant bien. Placez au frais pendant 1 heure.
- Avec un couteau bien aiguisé, découpez des rouleaux de 5 centimètres de long. Enlevez le film alimentaire.

Servez avec une salade de pousses d'épinards ou des graines germées, ou encore le surplus de taboulé. Parsemez d'aneth et décorez avec un quart de tranche de citron frais ou confit.

MES MINI-POPOVERS AU CRABE ET AU CITRON VERT

Pour environ 30 popovers
Préparation : 15 minutes
Réfrigération : 2 heures
Cuisson : 15 minutes

INGRÉDIENTS

100 g de miettes de crabe
2 œufs
1 citron vert
150 g de farine
20 cl de lait
30 g de beurre ramolli
Beurre pour les moules
1 cuillerée à café de sel
1/2 cuillerée à café de poivre

PROGRESSION

- Égouttez les miettes de crabe.
- Prélevez les zestes du citron. Hachez-les finement.
- Dans un saladier, mélangez les œufs avec le lait, le beurre, la farine, le sel et le poivre. Ajoutez le crabe et les zestes de citron. Placez au réfrigérateur 2 heures minimum.
- Préchauffez le four à 240 °C (th. 8).
- Beurrez les moules à mini-muffins. Remplissez-les aux trois quarts avec la préparation bien froide.
- Placez au four environ 15 minutes : vos mini-popovers doivent être dorés et très gonflés. Servez chaud.

Si vous n'avez pas de mini-moules à muffins.
Ces mini-moules se trouvent difficilement en France. Je vous suggère d'utiliser des mini-moules à cannelés ou à bouchées en silicone (inutile de les beurrer).
À défaut, utilisez des tasses à café, supportant une température de 240 °C.

Les popovers, c'est quoi ?
Ce sont des gâteaux salés ou sucrés entre le chou et les muffins. Je les ai découverts aux États-Unis, en version salée au roquefort. Voici ma version citronnée au crabe.

LE CARPACCIO DE LOTTE AU CITRON VERT ET AUX ÉPICES

Pour 4 personnes
Préparation : 10 minutes
Réfrigération : 30 minutes

INGRÉDIENTS

500 g de queues de lotte

1 citron vert

3 pincées de paprika

4 pincées de piment d'Espelette

5 cl d'huile d'olive

Sel de Maldon ou de Guérande

PROGRESSION

- Découpez les queues de lotte en fines tranches de 2 à 3 millimètres (ne découpez que la chair).
- Râpez les zestes et recueillez le jus du citron.
- Fouettez 3 cuillerées à soupe de jus de citron avec l'huile d'olive.
- Huilez légèrement le fond de 4 assiettes avec cette préparation. Répartissez les lamelles de lotte au centre des assiettes. Arrosez d'huile citronnée. Saupoudrez d'épices. Salez. Répartissez les zestes.
- Recouvrez de film alimentaire. Placez 30 minutes au réfrigérateur.
- Servez avec une salade ou des légumes confits froids.

Comment couper des lamelles fines ?
Pour faciliter la découpe, enlevez la peau des queues de lotte et congelez-les 30 minutes : cela raffermira la chair. Découpez avec la lame d'un couteau bien tranchant, ou encore mieux avec une mandoline.

LE CAVIAR ET CHANTILLY CITRONNÉE

Préparation : 10 minutes
Réfrigération : 2 heures

INGRÉDIENTS

1 citron non traité

25 cl de crème entière

1 feuille de gélatine

30 g de caviar

Comment utiliser le siphon ?
Après avoir filtré la crème, versez-la dans le siphon à chantilly d'1/2 litre. Vissez une cartouche de gaz, et placez 2 heures au réfrigérateur.

PROGRESSION

- Faites ramollir la gélatine dans de l'eau froide.
- Prélevez l'écorce et recueillez le jus du citron. Réservez.
- Dans une casserole, versez la crème, les zestes et le jus de citron. Portez à ébullition, incorporez la gélatine et laissez infuser 15 minutes. Filtrez, salez. Placez au réfrigérateur 2 heures. Mettez également votre fouet au réfrigérateur.
- Fouettez la crème en chantilly. Déposez en dôme sur un mini-blini, une petite tranche de brioche grillée ou directement dans des cuillères japonaises. Recouvrez de caviar. Servez immédiatement.

LES LANGOUSTES MOELLEUSES AUX CITRONS VERTS GRILLÉS

Pour 4 personnes
Préparation : 5 minutes
Cuisson : 40 minutes

INGRÉDIENTS

4 queues de langoustes

2 citrons verts

20 g de beurre

Comment utiliser des langoustes surgelées ?
Décongelez-les avant de les griller.

PROGRESSION

- Préchauffez le four à 150 °C (th. 5). Faites fondre le beurre au micro-ondes ou au bain-marie.
- Fendez les langoustes en deux sur toute leur longueur. Badigeonnez la chair de beurre fondu.
- Déposez-les dans un plat à four avec un bol d'eau : cela leur permet de rester moelleuses. Laissez cuire 40 minutes.
- Coupez les citrons en deux. Faites-les griller sur une plaque en fonte légèrement graissée et très chaude, ou, à défaut, dans la poêle.
- Accompagnez les langoustes de pousses de salade assaisonnées d'une vinaigrette citron et kumquats (voir p. 16).

LES CARPACCIOS DE SAINT-JACQUES

Pour 4 personnes
Préparation : 30 minutes
Marinade : 1 heure

INGRÉDIENTS

Les coquilles Saint-Jacques

12 coquilles Saint-Jacques fraîches, ouvertes par votre poissonnier

Le citron confit sucré

2 tranches de citron confit sucré (recette p. xxx)
2 cuillerées à soupe de sirop de citron confit sucré
3 cuillerées à soupe d'huile d'olive
Le jus d'1 citron
1 cuillerée à café d'aneth émincé
Sel
Poivre

Le citron vert et miel

1 citron vert non traité
6 cuillerées à soupe d'huile d'olive
1 cuillerée à soupe de miel liquide
Sel
Poivre du moulin
Baies roses

PROGRESSION

• Préparez des noix de Saint-Jacques. Prélevez uniquement les noix de Saint-Jacques, coupez-les délicatement en tranches fines à l'horizontale, de façon à obtenir de petits ronds épais d'environ 2 millimètres d'épaisseur.

Pour un carpaccio au citron confit

• Si vous n'avez pas de citrons confits sucrés, préparez-les 1 heure à l'avance, de manière à ce qu'ils aient le temps de refroidir.

• Émincez les tranches de citron confit en fines lamelles. Recueillez le jus de citron, filtrez-le et mélangez-le à l'huile, au sel et au poivre. Fouettez à la fourchette et arrosez les noix de Saint-Jacques. Au moment de servir, parsemez d'aneth émincé.

Pour un carpaccio au citron vert

• Prélevez les zestes du citron vert, blanchissez-les 5 minutes dans l'eau bouillante pour les ramollir.

• Pressez le jus du citron, filtrez, arrosez les noix de Saint-Jacques. Dans un bol, mélangez le miel, l'huile, le sel et le poivre. Badigeonnez-en les noix. Au moment de servir, parsemez de baies roses.

Le conseil de Nathalie

Les coquilles Saint-Jacques sont autorisées à la pêche d'octobre à mai. Je vous recommande de les acheter fraîches, de les faire ouvrir par votre poissonnier et, s'il est coopératif, demandez-lui de lui séparer la noix du corail et de la barbe. Il ne vous restera plus qu'à préparer la marinade de votre choix.

LA BLANQUETTE DE VEAU CITRONNÉE

Pour 4 personnes
Préparation : 10 minutes
Cuisson : 1 heure 15

INGRÉDIENTS

1,2 kg de veau coupé en gros dés
300 g de riz basmati
5 carottes
8 oignons grelot
1 bouquet garni
3 cuillerées à soupe de farine
Le jus d'1 citron
200 g de crème entière
3 cuillerées à soupe d'huile
Sel, poivre

Le conseil de Nathalie
Pour éviter les grumeaux, incorporez peu à peu la farine dans le bouillon, et remuez bien entre chaque ajout de farine.

PROGRESSION

- Épluchez les carottes et coupez-les en petits dés. Épluchez les oignons grelot.
- Dans un grand faitout, saisissez les dés de veau avec l'huile chaude. Versez 1,5 litre d'eau chaude dessus, ajoutez les carottes, les oignons et le bouquet garni. Salez, poivrez, couvrez et laissez cuire à feu doux pendant 1 heure 15.
- Faites bouillir une grande quantité d'eau salée dans une casserole 30 minutes avant la fin de la cuisson de la viande, versez-y le riz et laissez cuire selon les instructions du paquet (en général 20 minutes) en remuant de temps en temps. Égouttez puis étalez au fond du plat de présentation.
- Avec l'écumoire, de manière à conserver le bouillon de cuisson, retirez la viande, les légumes et le bouquet garni, disposez-les sur le riz dans le plat de présentation.
- Pressez le jus du citron.
- Prélevez deux louches de bouillon dans un bol, pour y délayer la farine. Ajoutez au bouillon restant et faites épaissir en remuant à la cuillère en bois à petit feu. Hors du feu, ajoutez peu à peu, tout en remuant, le jus de citron, puis la crème épaisse. Salez, poivrez, nappez la blanquette de cette sauce.

LE LAPIN AU CITRON, POIREAUX FONDANTS À L'INFUSION DE CITRONNELLE

Pour 4 personnes
Préparation : 20 minutes
Cuisson : 40 minutes

INGRÉDIENTS

4 pattes et 4 cuisses de lapin

2 citrons

1 oignon

15 cl d'huile d'olive

10 cl de vin cuit type banyuls, xérès ou porto

1 cuillerée à soupe de farine

Sel

Poivre du moulin

Pour les poireaux

500 g de blancs de poireaux

2 cuillerées à café de citronnelle pour tisane

Sel

Poivre du moulin

Où trouver de la citronnelle ?
Vous trouverez de la citronnelle au rayon tisanes de vos supermarchés, en épicerie asiatique ou épicerie fine.

L'astuce
N'hésitez pas à utiliser de la coriandre surgelée.

Le conseil de Nathalie
Dans cette recette, les poireaux et le lapin sont cuits séparément. Pour que les ingrédients soient prêts en même temps, il est important de respecter l'ordre de la recette.

PROGRESSION

- Portez à ébullition 2 litres d'eau. Faites infuser la citronnelle dans une mousseline ou un infuseur à thé pendant 15 minutes.
- Pendant ce temps, préparez le lapin. Prélevez les zestes d'1 citron. Recueillez le jus des deux citrons, filtrez si nécessaire. Ajoutez les zestes. Épluchez l'oignon, détaillez-le en fines lamelles.
- Chauffez l'huile dans une sauteuse. Faites revenir les morceaux de lapin : ils doivent être dorés sur toutes leurs faces. Ajoutez la farine et les oignons. Lorsque les ingrédients roussissent, arrosez la viande avec le jus de citron, le vin cuit et les zestes. Salez, couvrez, laissez cuire à feu doux 30 minutes. À mi-cuisson, retournez les morceaux et remuez les oignons.
- Pendant la cuisson du lapin, détaillez le blanc des poireaux en très fines rondelles de 2 à 3 millimètres. Enlevez la citronnelle de l'eau, portez la décoction à ébullition, versez 1 cuillerée à café de sel puis ajoutez les poireaux. Laissez cuire à petits bouillons à découvert pendant 10 minutes. Égouttez les poireaux. Salez et poivrez.
- Servez le lapin bien chaud, avec les oignons et les poireaux.

Variante

Parsemez de coriandre ou de romarin.

MON OSSO-BUCO AU CITRON ET AU ROMARIN

Pour 4 personnes
Préparation : 30 minutes
Cuisson : 1 heure 35

INGRÉDIENTS

1,4 kg de veau avec os à moelle
1 citron non traité
4 carottes (environ 500 g)
4 échalotes
1 boîte de 400 g de tomates pelées dans leur jus
500 g de pulpe de tomate
1 branche de romarin
3 cuillerées à soupe de farine
25 cl de vin cuit type xérès, porto ou marsala
4 cuillerées à soupe d'huile
Sel
Poivre du moulin

PROGRESSION

- Prélevez l'écorce du citron à l'aide d'un économe. Recueillez le jus.
- Épluchez et détaillez les carottes en rondelles. Pelez et émincez les échalotes.
- Farinez les morceaux de veau, secouez pour éliminer la farine superflue.
- Dans une cocotte assez large faites dorer la viande sur les deux faces avec l'huile chaude.
- Réservez la viande sur une assiette. Dans la cocotte faites dorer les carottes et les oignons quelques minutes, puis ajoutez les tomates pelées, la pulpe de tomate, les écorces et le jus de citron, faites revenir 4 minutes. Ajoutez le vin puis remettez la viande. Couvrez, laissez mijoter à feu doux 1 heure 30 en retournant la viande à mi-cuisson. Ajoutez un peu d'eau en cours de cuisson si nécessaire.
- Salez et poivrez. Servez chaud.

Variante

Ajoutez de la coriandre ou du persil ciselé en fin de cuisson.

Le conseil de Nathalie

Si vous ne disposez pas de coriandre fraîche, utilisez de la coriandre émincée surgelée.

L'astuce

Ce plat est parfait pour recevoir des amis. Pour être disponible, je le prépare la veille. Pendant l'apéritif, je réchauffe mon osso-buco dans la cocotte à feu doux ou au four à 150°C (th. 5).

LA PINTADE AUX ÉPICES ET AU CITRON

Pour 4 personnes
Préparation : 10 minutes
Cuisson : 1 heure 30

INGRÉDIENTS

1 pintade coupée en morceaux
2 citrons
3 oignons
10 olives vertes
2 cuillerées à café de ras-el-hanout
5 cuillerées à soupe d'huile d'olive citronnée
Sel
Poivre

PROGRESSION

- Épluchez et émincez les oignons.
- Dans une cocotte, faites revenir avec l'huile d'olive citronnée le ras-el-hanout et l'oignon émincé. Laissez dorer 2 minutes en remuant avec une cuillère en bois.
- Ajoutez la pintade, 20 centilitres d'eau chaude, les olives ainsi que les citrons coupés en quatre dont vous presserez préalablement le jus sur la viande. Couvrez, laissez mijoter à feu doux pendant 1 heure 30.
- Toutes les 20 à 30 minutes, retournez les morceaux dans la cocotte, recouvrez le plus possible d'oignons et de quartiers de citrons, ajoutez de l'eau chaude si nécessaire en cours de cuisson.
- Servez chaud.

Où trouver du ras-el-hanout ?

Vous pouvez acheter le ras-el-hanout en épicerie marocaine, épicerie fine et grande surface.
Il s'agit d'un mélange de 9 épices auxquelles on prête des vertus digestives, utilisé dans la cuisine traditionnelle marocaine ou dans des plats longuement mijotés. Je vous recommande d'en avoir dans votre tiroir à épices, il donnera un goût agréable et original à vos plats sucrés et salés.

LE POULET AROMATIQUE MENTHE ET CITRON

Pour 4 personnes
Préparation : 10 minutes
Cuisson : 45 minutes

INGRÉDIENTS

4 cuisses de poulet entières

1 citron

1 branche de menthe fraîche

30 g de sucre semoule

3 cuillerées à soupe d'huile d'olive

1 cuillerée à café de sel

1 cuillerée à café de poivre du Sichuan

3 tours de moulin de poivre blanc

PROGRESSION

- Sortez les cuisses de poulet du réfrigérateur 30 minutes avant de commencer la préparation.
- Préchauffez le four à 210 °C (th. 7).
- Effeuillez la menthe. Coupez le citron en tranches.
- Soulevez délicatement la peau de chaque cuisse sans la déchirer. Glissez les tranches de citron ainsi que les feuilles de menthe.
- Écrasez au mortier les grains de poivre du Sichuan, le poivre blanc, le sel, le sucre et l'huile. Badigeonnez les cuisses de chaque côté.
- Placez dans un plat allant au four puis, enfournez 45 minutes.
- Servez chaud avec le légume de votre choix.

Variante

Remplacez les feuilles de menthe par de la coriandre.

LE RISOTTO AU CITRON ET À L'ANETH

Pour 4 personnes
Préparation : 10 minutes
Cuisson : 20 minutes

INGRÉDIENTS

350 g de riz arborio ou carnaroli

1 oignon

1 cuillerée à soupe d'aneth émincé

Le jus d'1 citron

1,75 litre de bouillon de volaille

4 cuillerées à soupe d'huile d'olive

80 g de beurre

Sel

Le conseil de Nathalie
Attendez que le riz ait absorbé le bouillon tout en remuant : c'est la garantie d'un risotto crémeux et réussi.

PROGRESSION

- Portez le bouillon à ébullition.
- Faites revenir l'oignon finement émincé 1 minute dans l'huile d'olive. Remuez avec une cuillère en bois : l'oignon ne doit pas brunir. Ajoutez le riz. Lorsque les grains deviennent translucides, arrosez avec le jus de citron. Versez le bouillon très chaud au fur et à mesure que le riz l'absorbe, louche après louche, tout en remuant avec une cuillère en bois.
- Lorsque le bouillon est complètement absorbé, hors du feu, incorporez le beurre froid en dés puis l'aneth. Couvrez 5 minutes puis servez chaud.

LE CARPACCIO DE MAGRET DE CANARD

Pour 4 personnes
Préparation : 15 minutes
Réfrigération : 1 heure

INGRÉDIENTS

1 magret de canard très frais

1 citron

10 cl d'huile d'olive

Sel

Poivre du moulin

L'idée de Nathalie

Je propose en libre service, au choix des convives, des copeaux de parmesan, des pignons grillés ou des cerneaux de noix concassés, préalablement dorés à la poêle.

Les conseils de Nathalie

Achetez un magret de canard frais, d'excellente qualité. Placez votre magret 2 heures au congélateur : il sera facile alors de séparer le gras de la chair et de découper de fines lamelles de viande. Utilisez un couteau bien aiguisé, ou plus facile, votre robot. Servez avec une salade aux noix.

PROGRESSION

- Cette recette est très simple ! Séparez la viande du gras : il suffit de tirer sur la chair. Si votre magret sort du réfrigérateur, la chair se détachera très facilement.
- Découpez la viande en très fines lamelles. Râpez le zeste du citron et recueillez le jus.
- Fouettez l'huile d'olive avec le jus de citron, salez, poivrez. Arrosez la viande de cette marinade et de zestes de citron. Recouvrez les assiettes de film alimentaire. Placez au réfrigérateur au minimum 1 heure avant de servir.
- Servez froid.

LES PÂTES AU PESTO DE CITRON

Pour 4 personnes
Préparation : 5 minutes
Cuisson : 10 minutes environ

INGRÉDIENTS

400 g de spaghettis fins

3 citrons verts non traités

1 gousse d'ail

4 cuillerées à café de parmesan râpé

6 cuillerées à café d'huile d'olive

1 cuillerée à café de sel de Guérande

PROGRESSION

- Prélevez les zestes et recueillez le jus des citrons. Mélangez-les. Ajoutez le parmesan râpé, l'huile d'olive, la gousse d'ail écrasée en purée et le sel.
- Faites cuire les pâtes selon les instructions du paquet. Versez le pesto sur les pâtes chaudes.
- Dégustez aussitôt.

LE TARTARE AU CITRON CONFIT

Pour 4 personnes
Préparation : 5 minutes

INGRÉDIENTS

500 g de bœuf haché

5 gros cornichons

1 cuillerée à café de câpres

1 citron confit

2 cuillerées à soupe de tapenade de tomates séchées

2 tomates séchées conservées dans l'huile d'olive

Tabasco®

Ketchup

Sel

Poivre du moulin

PROGRESSION

- Découpez le citron confit, les cornichons et les tomates séchées en petits dés. Mélangez le tout à la viande hachée avec les câpres et la tapenade de tomates séchées. Salez, poivrez. Formez des steaks.
- Servez avec des feuilles de mâche aromatisées de vinaigrette au citron (voir p. 16) ainsi que quelques frites. En assaisonnement à volonté, proposez du Tabasco® et du ketchup.

LE POULET MOELLEUX AU CITRON

Pour 4 à 6 personnes
Préparation : 10 minutes
Cuisson : 1 heure

INGRÉDIENTS

1 poulet coupé en 8 morceaux
15 oignons grelot
2 citrons non traités
15 pruneaux dénoyautés
1 cuillerée à café de thym
(ou 2 branches fraîches)
1 cube de bouillon de poule
Sel
Poivre du moulin

PROGRESSION

- Préchauffez le four à 180 °C (th. 6).
- Prélevez l'écorce (voir p. 10) et recueillez le jus des citrons.
- Dans un plat allant au four, placez les morceaux de poulet, entourez-les des pruneaux, des oignons grelot et des écorces de citron.
- Émiettez le cube de bouillon, parsemez le thym et arrosez de jus de citron et de 50 centilitres d'eau. Enfournez et laissez cuire 1 heure. Salez et poivrez.

L'astuce

Vous pouvez préparer ce plat à l'avance sans mettre le cube de bouillon et l'eau que vous ajouterez juste avant d'enfourner. Réservez au réfrigérateur sous un film alimentaire.

Le conseil de Nathalie

Si vos oignons grelot sont surgelés, décongelez-les avant utilisation.

LE TAJINE DE POULET AU CITRON

Pour 4 personnes
Préparation : 20 minutes
Cuisson : 30 minutes

INGRÉDIENTS

4 cuisses et hauts de cuisses de poulet (séparés)
3 courgettes
1 petite boîte de pois chiches
4 oignons
300 g de semoule moyenne
25 g de raisins secs
8 tranches de citrons confits à l'huile verts ou jaunes
1 cuillerée à café de curcuma
1 cuillerée à café de gingembre
1 cuillerée à café de coriandre en poudre
1 cuillerée à café de coriandre en graines
2 cuillerées à soupe d'huile d'olive au citron

PROGRESSION

- Dans le plat à tajine, faites revenir les épices dans l'huile citronnée. Ajoutez les oignons préalablement épluchés et émincés. Faites dorer puis ajoutez les courgettes en morceaux et les pois-chiches. Ajoutez les morceaux de poulet et faites-les dorer de chaque côté.
- Ajoutez 1 verre d'eau (environ 15 centilitres) et les tranches de citron confit. Couvrez le tajine avec son couvercle et laissez cuire à feu doux 30 minutes.
- Versez la semoule avec les raisins dans un saladier.
- Portez à ébullition une grande quantité d'eau salée 15 minutes avant de servir.
- Versez peu à peu l'eau sur la semoule, en égrenant avec une fourchette. La semoule est prête lorsqu'elle a absorbé toute l'eau.
- Servez la semoule et le tajine en même temps.

Idée de présentation

Juste avant de servir, parsemez sur le tajine des feuilles de coriandre fraîche.

L'ÉPAULE D'AGNEAU À L'AIL, AU CITRON ET AU THYM

Pour 6 personnes
Préparation : 15 minutes
Cuisson : 3 heures

INGRÉDIENTS

1 épaule d'agneau désossée non ficelée

1 tête d'ail

1 citron non traité

2 cuillerées à café de thym émietté

2 cuillerées à café d'huile d'olive

1 cuillerée à café de sel marin

Sel

Poivre du moulin

PROGRESSION

- Préchauffez le four à 190 °C (th. 6-7).
- Frottez la viande et le plat avec la tête d'ail coupée en deux.
- Prélevez les zestes et pressez la moitié du citron.
- Hachez, de préférence au mortier, les zestes avec le thym et le sel. Étalez la poudre obtenue au cœur de l'épaule ; salez, poivrez, huilez légèrement. Roulez et ficelez l'épaule. Arrosez d'huile.
- Enfournez 30 minutes, puis ramenez la température du four à 170 °C (th. 6-7). Poursuivez la cuisson environ 2 heures 30, en retournant la viande de temps en temps : elle doit être fondante.
- Au moment de servir, versez dans une poêle environ 3 cuillerées à soupe du jus du plat du four (s'il n'y en a pas suffisamment, allongez avec de l'eau). Ajoutez le jus de citron et remuez à feu vif.
- Coupez l'épaule en tranches et servez-les nappées de jus au citron.

L'AGNEAU CITRON-MENTHE

Pour 4 personnes
Préparation : 20 minutes
Cuisson : 10 à 15 minutes

INGRÉDIENTS

800 g d'agneau haché

4 échalotes

2 œufs entiers

10 g de feuilles de menthe

2 citrons jaunes non traités

4 cuillerées à soupe de farine

4 cuillerées à soupe d'huile d'olive

Sel et poivre

PROGRESSION

- Prélevez les zestes et recueillez le jus des citrons.
- Pelez les échalotes. Hachez-les finement avec les feuilles de menthe et les zestes.
- Mélangez à la viande hachée. Ajoutez les œufs l'un après l'autre. Mélangez bien entre chaque œuf. Salez, poivrez, ajoutez 4 cuillerées à soupe de jus de citron.
- Formez des boulettes de la taille d'une balle de ping-pong. Roulez-les dans la farine.
- Dans un bol, mélangez l'huile avec le jus de citron restant.
- Chauffez la moitié de l'huile citronnée dans une grande poêle. Faites dorer la moitié des boulettes pendant 10 à 15 minutes. Renouvelez l'opération avec l'huile et les boulettes restantes. Salez, poivrez et servez chaud.

Avec quoi servir ces boulettes d'agneau ?

Je les sers avec de la semoule aux raisins secs ou sur un lit de pousses de salade assaisonnées de vinaigrette au citron et au kumquats.

Les conseils de Nathalie

J'achète de l'épaule d'agneau désossée que je coupe en petits morceaux avant de la mixer.
Si votre mixeur n'est pas suffisamment puissant, demandez à votre boucher de vous hacher la viande. Sachez que certains bouchers sont très réticents : leur machine servant presque toujours à hacher du bœuf.
Demandez alors à votre boucher de vous hacher ensuite un steak de bœuf : ainsi, sa machine sera prête pour hacher de nouveau du bœuf pour le client suivant.

LE SAUTÉ DE VEAU AUX ÉCORCES DE CITRON

Pour 4 personnes
Préparation : 10 minutes
Cuisson : 1 heure

INGRÉDIENTS

750 g de sauté de veau

850 g de tomates pelées dans leur jus

1 citron

1 gousse d'ail

1 cuillerée à soupe de farine

20 cl de vin blanc

2 cuillerée à soupe d'huile d'olive

Sel

Poivre du moulin

PROGRESSION

- Saisissez les morceaux de viande farinés dans l'huile pendant 10 minutes.
- Prélevez des bandes d'écorce de citron et émincez-les. Pressez le citron. Ajoutez dans la cocotte la gousse d'ail en purée, le vin blanc, les tomates et leur jus, les écorces de citron émincées. Salez et poivrez.
- Laissez mijoter à feu doux 50 minutes sous couvert. Arrosez de jus de citron.
- Servez chaud.

LES SOURIS D'AGNEAU CARAMÉLISÉES

Pour 4 personnes
Préparation : 10 minutes
Cuisson : 1 heure 30

INGRÉDIENTS

4 souris d'agneau

2 oignons

3 gousses d'ail

250 g de pruneaux dénoyautés

2 citrons

4 cuillerées à soupe de caramel liquide

1 cuillerée à soupe de quatre-épices

3 cuillerées à soupe d'huile d'olive

Sel

Poivre du moulin

PROGRESSION

- Épluchez et écrasez les gousses d'ail. Épluchez et émincez les oignons.
- Coupez les citrons en tranches de 0,5 centimètre d'épaisseur, épépinez-les.
- Chauffez l'huile d'olive dans une cocotte. Faites-y revenir les souris d'agneau puis ajoutez le quatre-épices, les oignons et l'ail. Laissez cuire 5 minutes. Ajoutez les pruneaux, les tranches de citrons. Arrosez avec 50 centilitres d'eau. Couvrez, laissez mijoter à feu doux 1 heure 30 en mélangeant de temps en temps et en arrosant d'eau si nécessaire.
- Le temps de cuisson écoulé, ajoutez le caramel, remuez de manière à bien enduire la viande. Laissez confire 5 minutes.
- Salez et poivrez les souris d'agneau si nécessaire et servez aussitôt.

LES RILLETTES DE LAPIN AU CITRON

Pour 250 grammes environ
Préparation : 25 minutes
Cuisson : 1 heure
Repos : 12 heures

INGRÉDIENTS

2 cuisses de lapin d'environ 300 g chacune
75 g de graisse de canard
1 citron non traité
50 cl de bouillon de légumes
(cube de bouillon ou traditionnel) ou de viande
10 cl de vin cuit type xérès ou porto
2 cuillerées à soupe d'huile,
de préférence au citron
Sel
Poivre du moulin

1 terrine avec couvercle

Le conseil de Nathalie
Servez cette terrine avec du pain aux figues ou aux olives chaud et croustillant.

PROGRESSION

- Réchauffez le bouillon.
- Dans une cocotte assez large, chauffer l'huile. Faites-y revenir les cuisses de lapin 1 minute de chaque côté. Versez le bouillon chaud et le vin cuit.
- Laissez cuire à feu doux sous couvert de 45 minutes à 1 heure. Retournez de temps en temps la viande et ajoutez un peu d'eau si nécessaire.
- Râpez le zeste du citron. Prélevez le jus. Filtrez-le.
- Effilochez la chair de lapin à la fourchette, mélangez-la avec les zestes et le jus de citron.
- Faites fondre la graisse de canard au micro-ondes ou dans une casserole, incorporez à la viande. Rectifiez l'assaisonnement en sel et poivre.
- Remplissez la terrine en tassant bien les rillettes. Refermez avec le couvercle ou un film alimentaire. Laissez reposer au réfrigérateur 12 heures minimum.
- Servez avec du pain.

Variante

Ajoutez 1 cuillerée à café de baies roses ou de graines de coriandre écrasées.

lemon

Les desserts

MON GÂTEAU « ALL BLACK » AU CITRON

Pour 6 à 8 personnes
Préparation : 30 minutes
Cuisson : 40 minutes

INGRÉDIENTS

2 citrons non traités
6 œufs
250 g de chocolat noir
25 g de pépites de chocolat
250 g de sucre semoule
2 cuillerées à soupe de farine à levure incorporée
200 g de beurre demi-sel ramolli
Farine et 1 noix de beurre pour le moule

PROGRESSION

- Préchauffez le four à 180 °C (th. 6).
- Prélevez les zestes des citrons finement (voir p. 10). Pressez 1 citron. Faites chauffer le jus dans une casserole avec les zestes et 2 cuillerées à soupe de sucre. Éteignez quand le sucre est fondu. Réservez.
- Séparez les blancs des jaunes d'œufs.
- Faites fondre le chocolat au bain-marie ou au micro-ondes.
- Battez vivement au fouet le sucre restant avec le beurre. Le mélange doit blanchir et devenir mousseux. Ajoutez un à un les jaunes, en mélangeant bien entre chacun. Incorporez la farine, le chocolat fondu, le sirop de citron, les pépites de chocolat. Montez les blancs en neige ferme, incorporez-les délicatement au mélange précédent.
- Versez la préparation dans le moule préalablement beurré et fariné, enfournez 40 minutes. Attendez que le gâteau refroidisse avant de démouler.

LES BILLES DE SANGRIA AUX ZESTES DE CITRON CONFITS

Pour 4 personnes
Préparation : 20 minutes
Refroidissement : 15 minutes

INGRÉDIENTS

La sangria

8 cl de vin rouge

8 cl de limonade

2 cl de tequila

2 cl de gin

5 cl de jus de citron

5 g d'agar-agar

30 cl d'huile de tournesol

La crème fouettée

4 cuillerées à soupe bien bombées de mascarpone

2 cuillerées à soupe de fromage blanc crémeux bien froid

70 g de sucre glace

1 pipette ou une seringue sans aiguille

Qu'est-ce que l'agar-agar ?
C'est une algue alimentaire sous forme de poudre. Elle a un pouvoir gélifiant sept fois supérieur à la gélatine animale. On la trouve facilement dans les épiceries bio.

PROGRESSION

- Pour les zestes et sirop de citron confits, voir recette p. 38.
- Environ 30 minutes avant : versez l'huile de tournesol dans un récipient. Placez au réfrigérateur pendant environ 15 minutes : l'huile doit être froide mais pas solidifiée.
- Dans une casserole, mélangez tous les ingrédients de la sangria, à l'exception de l'huile. Placez sur le feu jusqu'à ébullition (environ 80 °C). Mélangez bien. Laissez refroidir 10 minutes.
- Sortez l'huile du réfrigérateur.
- Mélangez de nouveau la sangria pour que l'agar-agar soit bien dissous.
- Aspirez la sangria avec une pipette ou une seringue.
- Délicatement, faites tomber des gouttelettes dans l'huile sans les faire glisser contre la paroi. Faites bouger votre pipette au-dessus de l'huile pour que les gouttelettes ne s'amalgament pas. Comme l'huile est très froide, les gouttes vont se solidifier.
- Dès que vous avez une vingtaine de gouttes, posez la passoire au-dessus du second récipient et versez le contenu du premier dans la passoire. Égouttez le plus d'huile possible. Pour une consommation dans une recette sucrée, passez les billes sous l'eau froide.
- Séchez la passoire et recommencez avec la sangria restante. Soyez rapide car l'agar-agar ne doit pas se solidifier.
- Répartissez les billes dans les pots, verres ou assiettes. Arrosez d'1 cuillerée à café de sirop de citron chaque présentation.

Préparez la crème fouettée

Fouettez le mascarpone avec le fromage blanc et le sucre glace. Recouvrez les billes de sangria de cette crème : utilisez une poche à douille, ce sera plus facile. Réservez au frais.Juste avant de servir, ajoutez dans chaque verre des zestes de citron confits.

LE QUATRE-QUARTS AU CITRON ET PAVOT

Pour 6 à 8 personnes
Préparation : 15 minutes
Cuisson : 40 minutes

INGRÉDIENTS

1 beau citron jaune non traité
1 cuillerée à soupe de graines de pavot
4 œufs
250 g de farine
250 g de sucre semoule
250 g de beurre demi-sel ramolli
1 cuillerée à soupe de sucre
et 1 noix de beurre pour le moule

PROGRESSION

- Préchauffez le four à 200 °C (th. 6-7).
- Prélevez les zestes du citron. Séparez les blancs des jaunes d'œufs.
- Fouettez le beurre avec le sucre. Ajoutez un à un les jaunes en prenant soin de bien mélanger entre chacun. Incorporez peu à peu la farine, les zestes de citron et les graines de pavot.
- Montez les blancs d'œufs en neige ferme. Ajoutez-les délicatement peu à peu à votre préparation. Versez dans un moule préalablement beurré et sucré. Enfournez 40 minutes.
- Servez tiède ou froid.

Où trouver des graines de pavot ?
Vous en trouverez facilement en grande surface ou, plus chères, en épicerie fine.

Le conseil de Nathalie
Citron et pavot, deux saveurs que j'aime marier. Essayez ce mélange original et faites-le goûter autour de vous, vous ferez des adeptes !

LES SOUFFLÉS COMPLÈTEMENT CITRONNÉS

Pour 4 soufflés
Préparation : 20 minutes
Cuisson : 7 minutes

INGRÉDIENTS

2 blancs d'œufs

50 g de sucre semoule

1 cuillerée à soupe de Maïzena®

2 cuillerées à soupe de sucre glace

2 cuillerées à soupe de jus de citron

10 g de beurre pour les moules et 2 cuillerées à soupe de sucre glace pour la déco

4 ramequins

PROGRESSION

- Beurrez 4 ramequins à l'aide d'un pinceau (il ne doit pas y avoir de traces de doigts).
Délayez la Maïzena® avec 1 cuillerée à soupe d'eau. Réservez.
- Dans une petite casserole, mélangez le jus de citron avec le sucre semoule sur feu doux, jusqu'à dissolution complète du sucre. Portez à ébullition, ajoutez la Maïzena® délayée. Faites chauffer tout en remuant pendant 1 minute.
Laissez refroidir complètement.
- Préchauffez le four à 180 °C (th. 6).
- Montez les blancs d'œufs en neige. Ajoutez peu à peu le sucre glace sans vous arrêter de fouetter. Incorporez progressivement la préparation au citron dans les blancs en neige. Versez dans les ramequins et enfournez pour 5 à 7 minutes.
- Saupoudrez de sucre glace et servez immédiatement.

de citron

LES TARTELETTES AU CITRON BRUT

Pour 4 personnes
Préparation : 15 minutes
Cuisson : 20 minutes

INGRÉDIENTS

2 citrons verts ou jaunes non traités

1 pâte brisée d'environ 230 g

220 g de sucre semoule +

1 cuillerée à soupe pour la pâte

Le conseil de Nathalie

Cette recette est surprenante, car on utilise rarement le citron à l' état brut, et délicieuse, le caramel neutralisant l'acidité du citron. Rapide à réaliser, elle deviendra, j'en suis sûre, un de vos classiques préférés.

Comment utiliser l'écorce des citrons ?

Suivez la recette de la p. 30 pour faire des écorces de citron séchées.

PROGRESSION

- Préchauffez le four à 180 °C (th. 6).
- Déroulez la pâte. Saupoudrez-la de sucre. Passez le rouleau à pâtisserie pour faire pénétrer le sucre et affiner la pâte. Découpez en 8 morceaux (palets, rectangles, carrés...).
- Déposez les morceaux de pâte sur une plaque à pâtisserie recouverte de papier sulfurisé. Piquez-les avec une fourchette. Enfournez et laissez cuire jusqu'à ce qu'ils soient bien dorés : environ 10 à 15 minutes.
- Pendant ce temps, à l'aide d'un économe ou d'un petit couteau enlevez l'écorce du citron, ainsi qu'un maximum de peau blanche pour atteindre au plus près la pulpe. Coupez les citrons en rondelles d'environ 2 à 3 millimètres d'épaisseur.
- Disposez les fines rondelles d'agrumes sur vos morceaux de pâte cuits.
- Préparez le caramel dans une casserole : portez à ébullition le sucre avec 4 cuillerées à soupe d'eau. Laissez cuire 5 à 10 minutes, de façon à ce que le caramel prenne une couleur ambrée.
- Dès que le caramel est prêt à filer, versez-le immédiatement sur les rondelles de citrons. Soulevez la tartelette avec une spatule et faites remonter les fils sur le dessus du caramel de la tartelette.
- Laissez refroidir avant de servir.

Variante

Faites un panaché de différents agrumes ou de citrons verts et jaunes.

LA TARTE AU CITRON MERINGUÉE

Pour 8 personnes
Préparation : 1 heure
Cuisson : 15 minutes environ

INGRÉDIENTS

La pâte

250 g de farine

60 g de sucre semoule

125 g de beurre demi-sel ramolli

1 œuf

La crème

5 citrons non traités

200 g de sucre semoule

2 œufs entiers et 2 jaunes d'œufs

100 g de beurre ramolli

La meringue italienne

180 g de sucre glace

3 blancs d'œufs

PROGRESSION

- Préchauffez le four à 260 °C (th. 8-9).

Préparez la pâte

- Dans un saladier, versez la farine. Faites un puits pour y mettre l'œuf entier, le sucre et le beurre ramolli. Mélangez sans trop pétrir. Étalez directement à la main la pâte dans le moule. Enfournez et laissez-la dorer environ 7 à 8 minutes.

Gardez le four allumé à la même température.

Préparez la crème

- Prélevez les zestes très finement (voir p. 10) et recueillez le jus des citrons. Filtrez-le si nécessaire. Blanchissez les zestes 3 à 4 minutes. Égouttez-les, puis hachez-les avec 20 grammes de sucre.
- Dans une jatte, mélangez les zestes avec le jus, les 2 œufs entiers, les 2 jaunes, le beurre et le sucre restant. Fouettez bien. Versez cette préparation sur la pâte mi-cuite. Enfournez 8 à 10 minutes. Laissez refroidir.

Préparez la meringue

- Posez un grand saladier au bain-marie dans une casserole. Portez à ébullition. Dans le saladier fouettez les blancs d'œufs en ajoutant peu à peu le sucre glace. N'arrêtez pas de fouetter jusqu'à ce que les blancs soient battus en neige ferme. Lorsque la meringue est

LA TARTE AU CITRON MERINGUÉE

bien blanche, enlevez le saladier du feu. Continuez à battre jusqu'à ce que la meringue soit refroidie et bien ferme.

• Versez délicatement sur la crème au citron. Avec la spatule ou le dos d'une cuillère, formez un dôme et des pics. Dorez la meringue au chalumeau ou en l'enfournant 1 minute dans le four chaud en position gril. Servez froid.

La meringue italienne XXL

• Pour les inconditionnels de la meringue, voici les quantités : 550 g de sucre glace et 9 blancs d'œufs.

Variantes

La tarte sans meringue : avant d'enfourner la pâte garnie de crème au citron, déposez des rondelles de citron confit au centre. Enfournez 4 à 5 minutes.

Confectionnez des mini-tartelettes au citron meringuées mais divisez alors les temps de cuisson par deux.

LE GÂTEAU AU CITRON DE MAMAN

Pour 6 à 8 personnes
Préparation : 15 minutes
Cuisson : 45 minutes

INGRÉDIENTS

2 citrons non traités

3 œufs

200 g de sucre semoule

100 g de farine

1 sachet de levure

150 g de beurre demi-sel ramolli

1 noix de beurre et 1 cuillerée de farine pour le moule

PROGRESSION

- Préchauffez le four à 180 °C (th. 6). Prélevez les zestes de citron en fines lanières (voir p. 10) et recueillez le jus. Versez dans une casserole avec 100 grammes de sucre. Portez à ébullition 5 minutes. Laissez tiédir.
- Séparez les blancs des jaunes.
- Fouettez les jaunes avec le sucre restant jusqu'à ce que le mélange blanchisse. Incorporez les ingrédients suivants en prenant soin de bien mélanger entre chacun : farine, levure, beurre et sirop de citron avec les zestes.
- Montez les blancs en neige ferme. Incorporez-les délicatement à la pâte.
- Beurrez et farinez légèrement le moule à gâteau. Enfournez 15 minutes puis baissez la température du four à 150 °C pour 30 minutes.
- Laissez refroidir 15 minutes avant de démouler.

Le conseil de Nathalie
Ce gâteau est tout simplement divin ! Le secret est de bien fouetter les jaunes d'œufs et le sucre jusqu'à ce que le mélange blanchisse. N'hésitez pas pour cela à utiliser votre fouet électrique, vous gagnerez du temps et de l'énergie.

LE CAKE AU CITRON CROUSTILLANT

Pour 6 à 8 personnes
Préparation : 15 minutes
Cuisson : 35 minutes

INGRÉDIENTS

3 œufs
6 tranches de citron confit sucré (voir p. 21)
90 g de farine
125 g de sucre semoule
1 sachet de levure
1 cuillerée à soupe de sucre candi
4 cuillerées à soupe de sirop de citron confit sucré
125 g de beurre ramolli
1 noix de beurre et 1 cuillerée à soupe de sucre pour le moule

PROGRESSION

- Préchauffez le four à 180 °C (th. 6).
- Placez délicatement les tranches de citron confit dans une passoire pour bien les égoutter. Récupérez le sirop.
- Séparez les jaunes des blancs d'œufs.
- Fouettez les jaunes avec le sucre : le mélange doit blanchir et devenir mousseux.
- Coupez 4 tranches de citron confit en petits morceaux. Ajoutez-les à la préparation au sucre ainsi que le beurre, la farine, la levure et le sirop de citron.
- Montez les blancs en neige ferme. Incorporez-les délicatement à la préparation.
- Beurrez le moule. Saupoudrez de sucre, puis versez la préparation. Posez les 2 rondelles de citron confit restantes, ajoutez le sucre candi, enfournez et laissez cuire 35 minutes.

LE GÂTEAU SIRUPEUX AU CITRON

Pour 6 personnes
Préparation : 15 minutes
Cuisson : 20 minutes

INGRÉDIENTS

15 tranches de citron confit sucré (p. 21)
1 citron jaune non traité
4 œufs
175 g de sucre semoule
175 g de farine
1 sachet de levure
4 cuillerées à soupe de sucre vergeoise brun
175 g de beurre ramolli + 1 noix pour le moule

Le sirop

100 g de sucre semoule
20 cl de jus de citron (des citrons dont vous avez prélevé les zestes + du jus de citron type Pulco®)

PROGRESSION

- Préchauffez le four à 180 °C (th. 6).
- Prélevez les zestes du citron.
- Égouttez les tranches de citron confit. Réservez le sirop.
- Beurrez les parois et le fond d'un moule à gâteau rond. Répartissez la vergeoise. Placez par-dessus les tranches de citron confit.
- Fouettez le sucre avec le beurre jusqu'à ce que le mélange blanchisse.
- Séparez les blancs des jaunes d'œufs. Ajoutez les jaunes un par un à la préparation précédente en mélangeant bien entre chacun. Mélangez la levure à la farine. Versez-la peu à peu dans votre préparation sucrée. Ajoutez les zestes de citron.
- Montez les blancs d'œufs en neige. Incorporez délicatement à la préparation. Versez la pâte dans le moule. Enfournez et laissez cuire 20 à 25 minutes sans ouvrir le four.
- Préparez le sirop : versez dans une casserole le jus de citron filtré, le sucre et 10 centilitres d'eau. Laissez cuire à feu doux : le liquide doit devenir sirupeux (environ 15 minutes).
- Sortez le gâteau du four. Versez la moitié du sirop sur le gâteau. Attendez 10 minutes puis démoulez. Versez la seconde moitié du sirop sur le gâteau. Servez froid.

LE GÂTEAU DOUBLE CRÈME AU CITRON

Pour 6 personnes
Préparation : 30 minutes
Cuisson : 45 minutes
Repos : 8 à 12 heures au réfrigérateur

INGRÉDIENTS

La pâte

100 g de spéculoos

50 g de sucre semoule

80 g de beurre demi-sel

La garniture

250 g de mascarpone

2 œufs

1 jaune d'œuf

1 citron non traité

200 g de fromage blanc

110 g de sucre semoule

3 cuillerées à soupe de farine

1 cuillerée à café d'extrait de vanille

1 noix de beurre pour le moule

1 pincée de sel

1 moule à fond amovible

PROGRESSION

- Préchauffez le four à 180 °C (th. 6).
- Préparez la pâte : écrasez les spéculoos puis mélangez-les au sucre et au beurre.
- Beurrez légèrement le moule et tapissez-le de pâte en une couche sur le fond (si vous n'avez pas confiance dans l'étanchéité de votre moule à fond amovible, posez-le sur une plaque à pâtisserie). Enfournez et laissez cuire 5 minutes. Laissez refroidir et maintenez le four chaud.
- Préparez la garniture : prélevez le zeste du citron (voir p. 10), puis recueillez son jus et filtrez-le. Battez vivement pendant 2 minutes le fromage blanc tout en ajoutant le sucre, la farine, le sel, l'extrait de vanille, le jus de citron, le zeste, puis les œufs l'un après l'autre et le jaune. Enfin, versez le mascarpone. Battez de façon à obtenir une crème mousseuse.
- Versez sur la pâte. Enfournez pour 45 minutes. Sortez du four, laissez refroidir et placez 8 à 12 heures au réfrigérateur.

Variante

Avant de placer ce gâteau au réfrigérateur, recouvrez-le d'une bonne couche de lemon curd.

Le conseil de Nathalie

Ce n'est pas exactement un dessert light, mais peu importe puisque ni vous ni moi n'en mangerons tous les jours ! Dégustez-le très frais, c'est ainsi qu'il est le meilleur.

LA CHARLOTTE AU CITRON ET LITCHIS

Pour 4 à 6 personnes
Préparation : 30 minutes
Repos : 12 heures

INGRÉDIENTS

5 tranches de citron confit sucré (voir p. 21)

1 boîte de litchis au sirop

300 g de fromage blanc froid

15 cl de crème fluide entière bien froide

5 cuillerées à soupe de sirop de citron

175 g de boudoirs (1 boîte)

110 g de sucre glace

4 feuilles de gélatine

1 moule à charlotte

PROGRESSION

- Faites ramollir la gélatine dans un peu d'eau froide.
- Égouttez les litchis, récupérez le sirop. Mixez finement 6 litchis avec les tranches de citron confit.
- Fouettez le fromage blanc avec la crème entière. Ajoutez peu à peu le sucre glace, les litchis et citrons mixés. Réservez.
- Mélangez au sirop des litchis, le sirop de citron confit et 10 centilitres d'eau.
- Versez 3 cuillerées à soupe de liquide dans une petite casserole et portez à ébullition. Ajoutez la gélatine essorée et laissez-la se dissoudre dans le liquide. Incorporez au fromage blanc battu.
- Trempez les boudoirs très rapidement dans le sirop citron-litchi.
- Montez la charlotte : tapissez le fond et les parois du moule de biscuits. Versez la préparation au fromage blanc. À la moitié du moule, faites une couche de biscuits, versez la crème restante et terminez par une dernière couche de biscuits. Pressez le dessus de la charlotte et placez au réfrigérateur 12 heures.
- Démoulez et servez très froid.

Variante

Remplacez le fromage blanc par des Fjord®.

L'ESPRIT CANNELÉ

Pour 6 gâteaux
Préparation : 20 minutes
Cuisson : 1 heure
Refroidissement : 2 heures

INGRÉDIENTS

1 œuf entier

1 jaune d'œuf

1 citron jaune non traité

60 g de farine

125 g de sucre semoule

25 cl de lait

1 cuillerée à soupe de rhum

10 g de beurre demi-sel

Beurre fondu pour les moules

6 moules à cannelés

PROGRESSION

- Prélevez les zestes du citron en filaments.
- Faites bouillir le lait avec les zestes de citron et le beurre. Laissez infuser 10 minutes.
- Mélangez la farine avec le sucre. Tout en mélangeant, ajoutez les œufs entiers et les jaunes, un à un. Versez peu à peu le lait chaud tout en remuant au fouet, puis le rhum. Laissez reposer 2 heures au réfrigérateur.
- Préchauffez le four à 240 °C (th. 8).
- Beurrez les moules et versez la pâte. Enfournez 10 minutes, puis baissez la température à 180 °C (th. 6). Laissez cuire entre 40 et 50 minutes.
- Sortez les cannelés du four et laissez-les dégonfler, puis démoulez-les. Laissez-les refroidir sur une grille.

Comment remplir facilement les moules ?
Utilisez une petite louche ou une poire à jus ou encore un récipient à bec verseur.
Encore plus facile : utilisez une bouteille propre que vous remplirez à l'aide d'un entonnoir.

Si je n'ai pas de moule à cannelés ?
Utilisez des moules à muffins ou des petits moules à brioches.
Surveillez bien la cuisson, qui peut être modifiée. Si vos moules sont en silicone, ne les beurrez pas.

LA TATIN POMMES CARAMÉLISÉES ET CITRON CONFIT

Pour 6 personnes
Préparation : 20 minutes
Cuisson : 25 minutes environ

INGRÉDIENTS

1 pâte brisée

1 kg de pommes golden

6 tranches de citron confit sucré (voir p. 23)

5 cuillerées à soupe de sirop de citron confit

1 sachet de sucre vanillé

30 g de sucre semoule

50 g de beurre + 1 noix pour le moule

PROGRESSION

- Préchauffez le four à 200 °C (th. 6-7).
- Laissez égoutter les tranches de citron confit dans une passoire pendant que vous épluchez et coupez les pommes en quartiers.
- Dans une poêle, faites fondre 50 grammes de beurre. Ajoutez le sachet de sucre vanillé et 5 cuillerées à soupe de sirop de citron. Faites revenir les pommes dans ce mélange pendant environ 10 minutes. Retournez-les délicatement pendant la cuisson.
- Beurrez les parois du moule, recouvrez le fond de sucre. Déposez les pommes sur leur tranche en les serrant bien les unes contre les autres. Disposez les rondelles de citron sur les pommes. Recouvrez avec la pâte brisée. Roulez le surplus de pâte et pressez contre la paroi du moule. Enfournez et laissez cuire 20 à 30 minutes.
- Sortez la tarte du four et démoulez immédiatement de la façon suivante : posez le plat de présentation sur le moule, tenez le plat et le moule et retournez d'un coup sec. La tarte va se retrouver à l'endroit dans le plat, vous n'avez plus qu'à la partager et la déguster. Tiède ou froide, elle est excellente.

Le conseil de Nathalie

Comment s'arrêter de manger cette tatin ? Qu'il n'en reste plus une miette, c'est le seul moyen !

LE GÂTEAU AU YAOURT ET CITRON

Pour 6 à 8 personnes
Préparation : 10 minutes
Cuisson : 30 minutes

INGRÉDIENTS

1 yaourt entier au citron

3 œufs

3 cuillerées à soupe de lemon curd

250 g de farine

150 g de sucre semoule

1 sachet de levure

5 cl d'huile de tournesol

1 noix de beurre pour le moule

PROGRESSION

- Préchauffez le four à 180 °C (th. 6).
- Dans un saladier, mélangez tous les ingrédients (sauf la noix de beurre et le lemon curd).
- Beurrez un moule à gâteau et versez la préparation. Enfournez 30 à 35 minutes.
- Laissez refroidir 15 minutes avant de démouler.
- Lorsque le gâteau a bien tiédi, coupez-le en deux dans le sens de l'épaisseur. Étalez du lemon curd fait maison (voir p. 68) ou acheté dans le commerce. Replacez le couvercle du gâteau.

LA MOUSSE AU CHOCOLAT À LA TARTE AU CITRON MERINGUÉE

Pour 4 personnes
Préparation : 30 minutes
Refroidissement : 2 heures

INGRÉDIENTS

300 g de chocolat Lindt®
à la tarte au citron meringuée
3 œufs extra-frais
3 cuillerées à soupe de sucre semoule
75 g de beurre

PROGRESSION

- Faites fondre au bain-marie ou au micro-ondes le chocolat avec le beurre.
- Séparez le blanc des jaunes d'œufs.
- Fouettez les jaunes avec le sucre jusqu'à ce que le mélange blanchisse. Ajoutez au chocolat et au beurre fondus.
- Montez les blancs en neige. Incorporez-les à la préparation chocolatée.
- Versez dans des verres ou un saladier. Placez 2 heures au réfrigérateur. Servez froid.

Idée de présentation
Si vous présentez les mousses dans des verres, décorez de zestes de citron confits, (voir p. 38), de vermicelles au chocolat, de pépites ou de copeaux de chocolat .

LA CRÈME BRÛLÉE AU CITRON VERT

Pour 4 personnes
Préparation : 15 minutes
Cuisson : 15 minutes
Refroidissement : 1 heure

INGRÉDIENTS

1 citron vert non traité

4 jaunes d'œufs

3 cuillerées à soupe de Maïzena®

10 cuillerées à soupe de sucre semoule
+ 4 cuillerées à soupe
pour le dessus des crèmes

2 cuillerées à café de farine

1 litre de lait

L'astuce
Congelez les blancs d'œufs et utilisez-les, par exemple, pour faire la tarte au citron meringuée !

PROGRESSION

- Râpez les zestes du citron.
- Réservez 6 cuillerées à soupe de lait dans un bol. Portez le reste à ébullition dans une casserole avec 5 cuillerées à soupe de sucre semoule et les zestes de citron. Retirez du feu et laissez refroidir 1 heure.
- Dans un saladier, fouettez le reste de sucre avec les jaunes d'œufs jusqu'à ce que le mélange blanchisse. Ajoutez la Maïzena® et la farine tamisées puis les 6 cuillerées à soupe de lait réservées. Battez bien au fouet pour éviter les grumeaux. Versez peu à peu la préparation du saladier dans le lait citronné de la casserole. Portez à feu doux sans cesser de remuer jusqu'à ce que la crème épaississe (6 à 8 minutes).
- Versez la crème dans des ramequins et laissez refroidir. Au dernier moment, saupoudrez de sucre la surface des crèmes.
- Caramélisez au fer, au chalumeau ou, à défaut, sous le gril du four. Ne mettez pas au réfrigérateur, sinon le dessus caramélisé ne sera plus craquant.

de citron

LES BABAS FACILES AU LIMONCELLO

Pour 4 à 6 personnes
Préparation : 20 minutes
Cuisson : 20 minutes environ

INGRÉDIENTS

Le baba

3 œufs
120 g de farine
150 g de sucre semoule
1 sachet de levure
50 g de beurre très ramolli
3 cuillerées à soupe de lait à température ambiante
1 noix de beurre pour le moule

Le sirop

25 cl de sirop de citron
50 g de sucre semoule
20 cl de limoncello

En petit format...
Si vous faites des babas individuels, réduisez le temps de cuisson à 15-18 minutes.

PROGRESSION

- Préchauffez le four à 180 °C (th. 6).
- Séparez les blancs des jaunes d'œufs.
- Fouettez les jaunes avec le sucre jusqu'à ce que le mélange blanchisse. Ajoutez le lait, le beurre, la farine et la levure.
- Montez les blancs en neige ferme et incorporez-les délicatement à la préparation.
- Beurrez un moule en forme de couronne et versez la préparation. Enfournez pour 20 à 25 minutes.
- Pendant la cuisson du baba, préparez le sirop au limoncello : dans une casserole, versez 25 centilitres d'eau, le sucre et le sirop de citron. Remuez à feu vif pendant 20 minutes. Retirez du feu et ajoutez l'alcool.
- Lorsque le gâteau est cuit, démoulez-le et arrosez-le aussitôt de sirop en le versant peu à peu jusqu'à absorption complète du liquide. Laissez refroidir à température ambiante puis au réfrigérateur.
- Servez avec de la chantilly au citron (voir p. 36), ou nature.

Variante

Servez avec des framboises ou des fraises citronnées et poivrées à la menthe (voir p. 176).

LE FIADONE

Pour 4 à 6 personnes
Préparation : 20 minutes
Cuisson : 35 minutes

INGRÉDIENTS

250 g de broccio
(de brousse de vache ou de ricotta)
120 g de sucre semoule
3 œufs
2 citrons non traités

Où trouver du broccio et de la brousse ?
Le broccio est un fromage corse à base de lait de brebis. Vous le trouverez à certaines périodes de l'année au rayon fromages frais de votre supermarché. Il est plus parfumé que la brousse. La brousse est un fromage de vache qui se trouve facilement toute l'année au rayon fromages frais du supermarché. Certaines marques proposent de la brousse allégée à 20 % de matières grasses.

PROGRESSION

- Préchauffez le four à 180 °C (th. 6).
- Prélevez les zestes des citrons. Plongez-les 4 minutes dans l'eau bouillante et égouttez-les.
- Recueillez le jus d'1 citron et filtrez-le si nécessaire.
- Séparez les blancs des jaunes d'œufs. Fouettez les jaunes avec le sucre jusqu'à ce que le mélange blanchisse. Ajoutez le broccio écrasé, les zestes et le jus de citron. Mélangez.
- Battez les blancs en neige, incorporez-les délicatement au mélange. Versez la préparation dans un moule à gâteau beurré. Enfournez pour 35 minutes. Pour tester la cuisson, enfoncez une lame de couteau au cœur de votre fiadone, elle doit ressortir sèche. Laissez refroidir dans le moule. Servez froid.

Variante

Tapissez le moule avec 4 à 5 grandes feuilles de figuier lavées en les laissant dépasser. Versez la préparation. Refermez les feuilles de figuier sur le gâteau. Enfournez.

LE SEMI-FREDDO AU CITRON

Pour 4 personnes
Préparation : 20 minutes

INGRÉDIENTS

2 citrons non traités

25 cl de lait concentré

60 g de sucre semoule

3 cuillerées à soupe de crème fraîche épaisse

15 cl de Pulco® ou le jus de 4 à 5 citrons

PROGRESSION

- Râpez le zeste (voir p. 10) des citrons.
- Mélangez au fouet le lait avec le sucre, la crème fraîche, les zestes et le jus de citron.
- Versez dans votre sorbetière en suivant les instructions du fabricant. Turbinez 7 à 10 minutes selon la consistance désirée. Surveillez bien car la glace durcit très vite. Servez alors qu'elle est encore crémeuse.

Les conseils de Nathalie

Si vous conservez la glace au congélateur, elle va devenir très dure. Je vous recommande de la sortir 10 à 15 minutes avant de la servir.

Accompagnez-la d'un coulis de fruits rouges, de fraises ou de framboises fraîches.

LES TARTELETTES FEUILLETÉES

Pour 4 personnes
Préparation : 15 minutes
Cuisson : 15 minutes

INGRÉDIENTS

1 rouleau de pâte feuilletée

1 citron à peau fine

4 cuillerées à soupe de mascarpone

50 g de sucre semoule + 2 cuillerées à café

2 cuillerées à café de sucre cassonade

1 cuillerée à soupe de sucre glace

PROGRESSION

- Préchauffez le four à 200 °C (th. 6-7).
- Découpez le citron en 8 tranches fines.
- Portez 50 centilitres d'eau à ébullition, plongez-y les rondelles 2 minutes. Égouttez-les.
- Faites bouillir 15 centilitres d'eau avec les 50 grammes de sucre semoule. Ajoutez les tranches de citron, faites cuire 5 à 7 minutes, puis égouttez.
- Coupez la pâte feuilletée en 4 rectangles de 10 centimètres sur 12. Placez-les sur la plaque à pâtisserie recouverte de papier sulfurisé. Parsemez de sucre cassonade.
- Déposez 2 tranches de citron sur chaque rectangle. Saupoudrez-les de sucre semoule. Enfournez et laissez cuire environ 15 minutes.
- Fouettez le mascarpone avec le sucre glace.
- Servez les tartelettes tièdes (la pâte feuilletée froide, ce n'est jamais très bon) accompagnées d'1 cuillerée à soupe de mascarpone fouetté.

Où trouver le mascarpone ?
J'achète mon mascarpone en supermarché. J'ai remarqué qu'il est souvent rangé avec la ricotta et la mozzarella. C'est une crème très épaisse, que vous pouvez utiliser pour des plats salés ou sucrés, mais le dessert qui lui vaut sa renommée internationale est le tiramisu.

Variante

Ajoutez au mascarpone quelques zestes de citron confit (voir p. 21).

LE SORBET AU CITRON

Pour 50 centilitres de sorbet
Préparation : 5 minutes
Cuisson : 15 à 20 minutes
Refroidissement : 20 minutes environ

INGRÉDIENTS

300 g de sucre semoule

15 cl de jus de citron (Pulco® ou jus frais de 4 à 5 citrons)

PROGRESSION

- Dans une casserole, portez à ébullition pendant 15 à 20 minutes 50 centilitres d'eau avec le sucre : il doit être bien dissous. Laissez refroidir complètement.
- Ajoutez le jus de citron, mélangez bien. Versez dans votre sorbetière et laissez turbiner pendant 20 à 25 minutes, selon votre appareil et la consistance désirée.
- Conservez au congélateur.

Variantes

- Placez le sorbet en sandwich entre 2 biscuits de votre choix type Pépito®, galettes bretonnes, Petit Lu®...
- Faites fondre du chocolat noir, formez des palets sur une feuille de papier aluminium, laissez refroidir. Placez le sorbet en sandwich.
- Formez des petites boules de sorbet. Plantez un bâton dans chaque boule et placez au congélateur. Pendant ce temps, faites fondre du chocolat noir. Très rapidement, plongez chaque boule dans le chocolat fondu puis remettez au congélateur.
- Proposez des boules de sorbet avec, en libre service, copeaux de chocolat noir ou blanc, vermicelles, cacahuètes, pralines... grossièrement hachées.
- Confectionnez des profiteroles au sorbet citron nappées de sauce au chocolat.

LA MOUSSE AU CITRON

Pour 4 à 6 personnes
Préparation : 10 minutes
Refroidissement : 2 heures

INGRÉDIENTS

La mousse

2 citrons non traités

10 cl de jus de citron Pulco®

ou le jus de 3 à 4 citrons

250 g de mascarpone

80 g de sucre

2 blancs d'œufs

Le fond

50 g de spéculoos

25 g de sucre semoule

25 g de beurre demi-sel froid

PROGRESSION

- Écrasez grossièrement les spéculoos, puis mélangez-les au sucre et au beurre.
- Répartissez dans le fond de ramequins ou de verres de présentation. Placez au réfrigérateur.
- Prélevez les zestes des citrons.
- Fouettez le mascarpone avec les zestes, le sucre et le jus de citron.
- Battez les blancs en neige. Incorporez-les très délicatement au mascarpone citronné. Versez dans vos verres sur les spéculoos. Placez au frais 2 heures au minimum. Cette mousse se déguste très froide.

LE SORBET LIMONCELLO ET GINGEMBRE

Pour 50 centilitres de sorbet
Préparation : 5 minutes
Cuisson : 25 minutes environ
Refroidissement : 1 heure

INGRÉDIENTS

315 g de sucre semoule

Le jus de 2 citrons (environ 10 cl)

4 cl de limoncello

2 cl de liqueur de gingembre

PROGRESSION

- Dans une casserole, portez à ébullition pendant 25 minutes 50 centilitres d'eau avec le sucre. Laissez refroidir environ 1 heure.
- Ajoutez le limoncello, la liqueur de gingembre et le jus de citron. Versez dans votre sorbetière et laissez turbiner 25 à 30 minutes selon la consistance désirée.
- Conservez au congélateur.

FRIGIDAIRE

LES FRAISES CITRON, MENTHE, POIVRE

Pour 4 personnes
Préparation : 10 minutes

INGRÉDIENTS

600 g de fraises (garriguettes ou maras des bois)
10 feuilles de menthe
1 citron non traité
Chantilly sucrée au citron ou écume de citron
2 cuillerées à soupe de sucre semoule
1 cuillerée à soupe de vinaigre balsamique
Poivre du moulin

PROGRESSION

- Prélevez le zeste du citron. Pressez la moitié du citron.
- Dans un bol, mélangez les feuilles de menthe ciselées avec le sucre, le vinaigre et le jus de citron.
- Lavez et équeutez les fraises.
- Juste avant de servir, donnez 3 tours de moulin à poivre sur les fraises, versez le mélange menthe-citron et les zestes. Servez individuellement avec 1 cuillerée à soupe de chantilly au citron (voir p. 36) ou d'écume de citron (voir p. 29).

LES POTS DE FRUITS ROUGES LUTÉS AUX ZESTES DE CITRON CONFITS

Pour 4 pots
Préparation : 7 minutes
Cuisson : 10 à 15 minutes

INGRÉDIENTS

170 g de fruits rouges

(myrtilles, framboises, groseilles)

Zestes confits d'un citron (voir p. 38)

8 cuillerées à café de sirop de zestes de citron

1 pâte feuilletée du commerce

2 cuillerées à café de sucre glace

Les conseils de Nathalie
Ces petits pots sont meilleurs avec des fruits frais. Toutefois, si vous utilisez un mélange de fruits rouges surgelés, décongelez-les complètement dans une passoire, en les sucrant légèrement.

PROGRESSION

- Préchauffez le four à 200 °C (th. 6-7).
- Répartissez les fruits rouges dans les petits pots. Arrosez-les de 2 cuillerées à café de sirop et parsemez quelques zestes.
- Étalez la pâte. Découpez des cercles de pâte d'environ 2,5 centimètres de diamètre de plus que vos pots : la pâte doit bien retomber tout autour car, en gonflant, elle va se rétracter.
Recouvrez chaque pot de pâte et pressez les bords contre les parois.
- Dans les restes de pâte, découpez des formes pour décorer le dessus des pots. Humidifiez légèrement ces formes pour les coller sur la pâte. Saupoudrez de sucre glace.
- Enfournez 12 à 15 minutes : la pâte doit être bien dorée.
- Dégustez tiède ou froid.

Variantes

- Cela fonctionne très bien aussi avec de la pâte brisée.
- Vous pouvez faire une présentation de plusieurs desserts avec, par exemple, une boule de glace ou de mascarpone fouetté au sucre glace.
- Pour les dorer un peu plus, badigeonnez légèrement la pâte de jaune d'œuf.

LA PANACOTTA AU CITRON

Pour 4 personnes
Préparation : 10 minutes
Refroidissement : 2 heures

INGRÉDIENTS

1/2 citron

2 feuilles de gélatine

33 cl de crème fleurette

100 g de lait concentré sucré

1/2 cuillerée à café de cacao en poudre

PROGRESSION

- Prélevez les zestes de citron. Émincez-les : ils doivent être très fins et très courts. Recueillez le jus.
- Faites ramollir les feuilles de gélatine dans de l'eau froide.
- Portez la crème fleurette à ébullition avec les zestes.
- Essorez les feuilles de gélatine, mettez-les dans la crème, remuez jusqu'à ce qu'elles soient dissoutes. Ajoutez le lait concentré sucré et le jus de citron. Répartissez dans des petits pots et placez 2 heures minimum au réfrigérateur.
- Au moment de servir, démoulez les crèmes et tamisez un peu de cacao en poudre sur le dessus.

Le conseil de Nathalie

Les feuilles de gélatine sont très simples à utiliser. Il suffit de les faire tremper dans un récipient d'eau froide, de bien les presser dans une main pour enlever l'eau (qui modifierait la consistance de votre plat) et de les dissoudre dans un liquide chaud (ici la crème fleurette portée à ébullition).

LES CHOCOLATS À LA CRÈME DE CITRON

Pour 20 chocolats
Préparation : 30 minutes
Cuisson : environ 10 minutes

INGRÉDIENTS

1 citron non traité

100 g de chocolat noir de couverture

50 g de chocolat blanc

30 g de crème fraîche

20 g de beurre

PROGRESSION

- Prélevez les zestes du citron.
- Faites chauffer la crème fraîche jusqu'à ébullition. Hors du feu, ajoutez les zestes de citron et laissez infuser 5 minutes. Filtrez la crème chaude sur le chocolat blanc cassé en petits morceaux. Remuez énergiquement. Ajoutez le beurre. Mélangez bien.
- Placez au réfrigérateur. Lorsque la préparation est assez ferme, formez des grosses billes. Placez-les au réfrigérateur 10 minutes pour les raffermir.
- Sortez-les, écrasez-les à l'aide d'une cuillère ou du fond d'un verre pour obtenir de petits palets.
- Faites fondre le chocolat noir au bain-marie. Si vous souhaitez qu'il conserve son aspect brillant en durcissant, il ne faut pas qu'il dépasse la température de 31 °C.
- Étalez une feuille de papier aluminium sur le plan de travail.
- À l'aide d'une fourchette, plongez les palets au citron dans le chocolat noir fondu. Laissez-les égoutter en les attrapant avec la fourchette, puis déposez-les sur le papier aluminium.
- Laissez jusqu'à durcissement complet. S'il ne fait pas suffisamment froid dans votre pièce, placez au réfrigérateur. Dégustez.

MES FRAMBOISES DÉCALÉES DÉCADENTES

Pour 4 personnes
Préparation : 1 minute

INGRÉDIENTS

400 g de framboises

8 pailles de poudre de citron (rayon confiserie)

Piques en bois

PROGRESSION

- Servez les framboises avec la poudre de citron à côté, ainsi que des petites piques en bois. Plongez les framboises dans la poudre, et dégustez.
- Cela fonctionne également très bien avec des myrtilles. J'attends de trouver des mûres pour essayer.

Les conseils de Nathalie

Pour la présentation, amusez-vous, c'est le moment de faire ressortir l'âme de styliste culinaire qui est en vous !

Pensez à enlever les bouchons de cire qui maintiennent la poudre dans la paille avant de servir.

Annexes

INDEX

Boissons et alcools

Fruits frais et fruits secs

Fromages et laitages

Légumes

INDEX

Poissons, fruits de mer et crustacés

Viandes et volailles

ADRESSES

Catherine Madani remercie chaleureusement les boutiques :

The Conran Shop

Habitat

Bodum

Kim et Garo

Sentou

Mariage Frères

qui lui ont confié vaisselles et accessoires d'art de la table, mis en valeur sur des fonds peints avec des peintures de chez **Ressource** et des papiers peints de chez **Besson.**

REMERCIEMENTS

Mille mercis

Comme toujours, à mes premiers dégustateurs, mes enfants, Victoire et Capucine et Fabien, mon mari.

À toutes les bloggeuses, pour leurs emails et encouragements, notamment celles ont suivi les coulisses des photos de mon livre sur mon blog : http://nathalievalmary.typepad.com.

À Xavier Pauly et au site www.cuisinerenligne.fr pour les explications des billes à l'agar-agar qui ont inspiré ma recette.

À Charlotte, qui m'a dévoilé sa recette simplissime des citrons confits en tranches à l'huile.

À Stéphanie, puis Florence.

À Francis M., qui a réalisé la maquette de ce nouveau livre.

À Magimix, pour leurs fabuleux robots ménagers qui m'accompagnent tous les jours dans mes créations culinaires.

Je remercie également Catherine et Françoise, non seulement pour la très agréable semaine passée en leur compagnie, mais aussi et surtout pour, respectivement, le stylisme et les photographies de ce livre.

Je remercie enfin toutes les personnes du groupe La Martinière qui ont participé à la parution de ce livre et tout particulièrement Antoine.

Retrouvez moi sur mon site, www.nathalievalmary.com, et au jour le jour sur mon blog, http://nathalievalmary.com

À bientôt,

Nathalie Valmary

Achevé d'imprimer en août 2007
sur les presses de l'imprimerie Bona à Turin
Dépôt légal : septembre 2007
Imprimé en Italie